알파벳	인쇄체 대문자	인쇄체 소문자	필기체 대문자	필기체 소문자
A [éi] 에이	A	a	$\mathcal{A}$	a
B [bi;] 비−	B	b	$\mathcal{B}$	b
C [si;] 씨−	C	c	$\mathcal{C}$	c
D [di;] 디−	D	d	$\mathcal{D}$	d
E [i;] 이−	E	e	$\mathcal{E}$	e
F [ef] 에프	F	f	$\mathcal{F}$	f
G [dʒi;] 쥐−	G	g	$\mathcal{G}$	g
H [eitʃ] 에이치	H	h	$\mathcal{H}$	h
I [ai] 아이	I	i	$\mathcal{I}$	i
J [dʒei] 제이	J	j	$\mathcal{J}$	j
K [kei] 케이	K	k	$\mathcal{K}$	k
L [el] 엘	L	l	$\mathcal{L}$	l
M [em] 엠	M	m	$\mathcal{M}$	m

알파벳	인쇄체 대문자	인쇄체 소문자	필기체 대문자	필기체 소문자
N [en] 엔	N	n	𝑁	𝑛
O [ou] 오우	O	o	𝒪	𝑜
P [pi;] 피―	P	p	𝓅	𝓅
Q [kju;] 큐―	Q	q	𝒬	𝑔
R [ɑ;(r)] 아알	R	r	𝓡	𝓇
S [es] 에스	S	s	𝒮	𝓈
T [ti;] 티―	T	t	𝒯	𝓉
U [ju;] 유―	U	u	𝒰	𝓊
V [vi;] 뷔―	V	v	𝒱	𝓋
W [dʌblju;] 더블유―	W	w	𝒲	𝓌
X [eks] 엑스	X	x	𝒳	𝓍
Y [wai] 와이	Y	y	𝒴	𝓎
Z [zi;] 지―	Z	z	𝒵	𝓏

3단계 왕초보

영어

쓰기교본

3단계 왕초보 영어 쓰기 교본

2019년 7월 14일 1쇄 인쇄
2019년 7월 24일 1쇄 발행

감수자 | 이승원 / 이해정
펴낸이 | 이규인
펴낸곳 | 도서출판 **창**
등록번호 | 제15-454호
등록일자 | 2004년 3월 25일

주소 | 서울특별시 마포구 대흥로4길 49, 1층(용강동 월명빌딩)
전화 | (02) 322-2686, 2687 / **팩시밀리** | (02) 326-3218
홈페이지 | http://www.changbook.co.kr
e-mail | changbook1@hanmail.net

ISBN 978-89-7453-459-2 13740

정가 12,000원

이 도서의 국립중앙도서관 출판예정도서목록(CIP)은 서지정보유통지원시스템 홈페이지
(http://seoji.nl.go.kr)와 국가자료종합목록시스템 (http://www.nl.go.kr/kolisnet)에서
이용하실 수 있습니다. (CIP제어번호 : CIP2019017569)

3단계 왕초보

영어 쓰기교본

이승원 · 이해정 감수

창
Chang
Books

머리말

여러분은 지금 국제화 시대에 살고 있습니다. 영어는 여러분과 뗄래야 뗄 수 없는 불가분의 관계입니다. 그중에서도 특히 영어교육의 비중은 매우 크다고 할 수 있습니다. 따라서 제한된 시간을 최선으로 활용하여 영어실력을 향상시키는 방법이 무엇보다 중요합니다.

영어학습에도 첫걸음을 잘 내디뎌야 합니다. 이 책은 이점을 중시하여 영어학습의 입문자들에게 필요한 필수 요소인 알파벳쓰기, 발음 익히기와 단어와 회화 문장 등 영어의 기초를 튼튼하게 세우고 나아가 실제생활에서 영어를 활용할 수 있도록 구성하였습니다.

이러한 시대 상황을 고려하여 편집·제작된 '3단계 왕초보 영어 쓰기 교본'은 영어학습 교육과정의 기본 문자인 알파벳을 초보부터 체계적으로 학습하려는 학습자들을 위하여 만들어졌습니다. 기초부터 누구나 부담없이 공부할 수 있도록 하였으며, 영어 공부에서 가장 걸림돌이 되는 쓰기와 읽기를 마스터할 수 있도록 구성되었습니다. 영어를 바르게 습득하기 위해서는 알파벳의 바른 표기와 정확한 발음이 기본적으로 갖추어져야 합니다.

이러한 학습 조건을 충족시키기 위해 알파벳의 필순에 따른 표기연습과 또한 기본뜻 외에 반복하여 연습하도록 그림도 함께 실어 연상효과도 얻을 수 있도록 하였으며, 시대상황을 고려하여 많이 사용하는 주제별 단어를 중심으로 첨가하였습니다.

그러한 어휘학습 효과를 높이기 위해 만들어진 이 책의 특징을 살펴보면,

Part I (1단계) – 알파벳 발음과 쓰기
Part II (2단계) – 주제별 단어 쓰기
Part III (3단계) – 필수 문장 쓰기
부록

이와 같이 단계별로 분류한 후, 중요도에 따라 알기 쉽게 그림과 함께 알파벳순으로 배열·수록하였습니다. 게다가 단어를 쉽게 외울 수 있도록 생생하고 유익한 단어만을 엄선해, 최신의 주요 영어사전과 인터넷의 자료를 참조하였으며, 각 단어마다 친근함을 주기 위해 생생한 그림으로 표현하여 초보자도 쉽게 따라 할 수 있도록 로마자와 우리 말로 발음하였습니다.

여러번 반복쓰기를 연습하여 영어 학습에 있어서 쓰기와 듣기를 동시에 종합적으로 익힐 수 있는 이 교재는 영어를 공부하려는 모든 학습자들에게 어려운 과정을 거치지 않고 영어 문자와 기본단어를 습득하도록 하였습니다.

이 책은 특히 발음편을 보강하여 더욱 정확한 영어 문자의 발음을 익힐 수 있도록 하였으니 발음편을 적극 활용하고, 반복해서 학습함으로써 영어와 친숙해지는 계기가 되었으면 합니다.

참고로 발음은 약간씩 차이가 있을 수 있으니 이 책을 학습하는 데 필요한 발음기호를 살펴보면 이해하기 쉽습니다.

※「에」를 짧고 강하게, 바로 이어서「이」를 살짝 붙여「에이」하고 발음하면 된다.◀ 발음 설명

F·o·r·e·w·o·r·d

차례

3단계 왕초보

영어
쓰기교본

알파벳
알아두기

알파벳 익히기

A a	B b	C c
에이 [éi]	비- [bi:]	씨- [si:]
D d	E e	F f
디- [di:]	이- [i:]	에프 [ef]
G g	H h	I i
쥐- [dʒi:]	에이치 [eitʃ]	아이 [ai]
J j	K k	L l
제이 [dʒei]	케이 [kei]	엘 [el]
M m	N n	O o
엠 [em]	엔 [en]	오우 [ou]

P p 피- [pi:]	**Q q** 큐- [kju:]	**R r** 아알 [ɑ:(r)]
S s 에스 [es]	**T t** 티- [ti:]	**U u** 유- [ju:]
V v 뷔- [vi:]	**W w** 더블유- [dʌ́blju:]	**X x** 엑스 [eks]
Y y 와이 [wai]	**Z z** 지- [zi:]	

알파벳 익히기

1. 발음기호란 무엇인가?

영어발음은 우리말 발음과는 많이 다르다는 점을 알아야 한다.

이를테면, 「a」를 알파벳 식으로 발음하면 「에이」이지만, 하나의 구성된 단어 속에서는 그 발음이 「애」, 「어」, 「아」 등 여러소리로 변한다.

그 예로 father「파아더~」(아버지)의 「a」만 보아도 그 발음이 「에이」가 아니고 「아」로 발음된다.

이렇듯 영어의 발음은 우리말과는 많이 다르기 때문에 그걸 일정하게 우리의 글로 표기하기란 여간 어렵지 않다.

아무튼 영어란 우리글과는 달리 한글로 표시 못하는 발음이 있는가 하면, 또 영·미인들이 우리나라 말을 배울 때에 역시 자기들 영어에는 없는 발음이 있기 때문에, 그래서 국제적으로 통용되는 '발음기호'란 것이 생겨났다.

어쨌든 '발음기호'를 정확히 익히고 활용하는 것만이 영어를 잘 할수 있는 길이니 열심히 공부하길 바란다.

2. 모음이란 무엇인가?

'모음'이란 한 마디로 말해서, 발음할 때 '입술, 코, 목구멍' 등의 장애를 받지 않고 자연스럽게 나오는 「유성음」을 말한다.

즉, 다시 말하면 「a : 아」, 「e : 에」, 「i : 이」, 「o : 오」, 「u : 우」 등과 같이 자연스럽게 나오는 소리를 '모음'이라 한다.

모음은 발음기호의 음(音)을 기준으로 하여 다음과 같이, '단모음'과 '이중모음'으로 나누어진다.

• 단모음

> **[a] 「아」** 우리말의 「아」와 같은 소리로, 입을 크게 벌리고 길게 「아」하면 된다.
>
> 🔍 보기
> • box [baks] 「박스」 : 상자
> • not [nat] 「낫(낱)」 : 아니다, 않다

[a:] 「아ー」 　입을 크게 벌리고 「아」를 「아ー」하고 발음하면 된다.

　　🔍**보기** ・ farm [fɑːm] 「파(ㄹ)~암」 : 농장
　　　　　 ・ father [fɑ́ːðər] 「파ー더(ㄹ)」 : 아버지

참고사항

＊ **악센트(accent)** : 영어를 발음할 때 특히 그 철자 중에서 더 강하게 발음하라는 부분이 있다. 이것을 '악센트' 즉, 「강세」라고 말하며, 그걸 부호는 〈′〉로 표시한다.

＊ [ː] : 이 표는 길게 발음하라는 표시. 우리말 표기는 〈ー〉.
　발음기호에서 비슷한 모양의 [r] [r]음과는 발음이 다르니 유의하기 바란다. 즉 [r]음은 혀 끝을 구부리면서 약간 들릴락말락하게 내는 우리말의 「ㄹ」(~)음에 가까운 음이다.

[a:r] 「아:(ㄹ)」 　입을 크게 벌리고 혀 끝을 약간 구부려 윗니 부리에 달락말락하게 하면서, 「아:~」 하고 발음하면 된다.

　　🔍**보기** ・ park [pɑ́ːrk] 「파:~크」 : 공원
　　　　　 ・ card [kɑ́ːrd] 「카:~드」 : 카드

참고사항

＊ [r] 발음 즉, 우리말 「ㄹ」음은 「~」로 표기하니 유의하기 바란다.
＊ 위의 '보기'에서와 같이 단어 속에 [r]이 들어 있으면, 미국에서는 「아:~」, 영국에서는 그냥 「아ー」로 발음한다.

[e] 「에」 　우리말의 「에」와 거의 같은 소리다. 우리말의 「에」보다 좀더 입을 벌리고 「에」하면 된다.

　　🔍**보기** ・ ten [ten] 「텐」 : 십(10)
　　　　　 ・ egg [eg] 「에그」 : 달걀

[ɛ] 「에(애)」

[e]와 [æ]의 중간소리 [e] 보다 입을 좀더 크게 옆으로 벌리는 기분으로 [ɛ]하면 된다.

🔍 보기
- Mary [mɛ́əri] 「메리」 : 메리(여자이름)
  *미국발음. 영국인은 「메어리」라고 발음한다.

[æ] 「애」

우리말의 「애」에 가까운 소리. [ɛ]를 발음할 때보다 좌우로만 입을 힘차게 벌리고 「애」하면 된다.

🔍 보기
- fan [fan] 「팬」 : 선풍기, 팬(운동에 있어 지지자나 애호가)
- narrow [nǽrou] 「내로우」 : (폭이)좁은

[i] 「이」

우리말의 「이」와 거의 같은 소리로 혀에 힘을 주지않고 입을 자연스럽게 약간 벌리면서 「이」하면 된다.

🔍 보기
- ink [íŋk] 「잉크」 : 잉크
- hit [hit] 「힛(히트)」 : 맞히다, 때리다.

[iː] 「이ㅡ」

앞의 [i] 보다 길게 발음한다. 다만 입을 약간 좌우로 벌리고 혀를 올리면서 「이ㅡ」하면 된다.

🔍 보기
- bee [biː] 「비ㅡ」 : 꿀벌
- eat [iːt] 「이ㅡ트」 : 먹다

[ɔ] 「오」

우리말의 「오」 보다 입을 더 크고 둥글게 벌리고 입을 앞으로 내밀면서 목 안으로부터 강하고 짧게 「오」하면 된다.
*미국인은 [ɔ]를 [a]로 보통 발음한다.

🔍 보기
- hot [hat] 「핫」 : 뜨거운(미국인) *영국인은 [홋]으로 발음한다.
- doll [dal] 「달」 : 인형(미국인) *영국인은 [돌]로 발음한다.

[ɔː] 「오ー」

[ɔ]를 길게 [ɔ]때보다 입술을 더 둥글게 앞으로 내밀고 혀 뒤를 더 올리면서 목 안으로부터 「아」소리에 가깝게 「오ー」하고 길게 발음하면 된다.

🔍**보기**
- ball [bɔ́ːl] 「볼ー」 : 공
- wall [wɔ́ːl] 「월ー」 : 벽

[o] 「오우」

입술을 둥글게 하여 「오」하다가 약간 입술을 앞으로 내밀면서 동시에 「우」하면 된다. 보통 '이중모음'에서 볼 수 있다.

🔍**보기**
- no [nou] 「노우」 : 아니오(아니다)
- go [gou] 「고우」 : 가다(간다)

[oː] 「오ー」

우리말의 「오」와 같다. 따라서 [ɔ]나 [ɔː]보다 입을 작게 둥글게 벌리면서 자연스럽게 「오ー」하고 발음하면 된다.
한마디로 [oː]는 미국식 발음이고, 영국에서는 [oː]를 「오우」로 발음한다는 것을 유의하기 바란다.

🔍**보기**
- home [hoːm] 「홈ー」 : 가정 〈미국〉 *영국에서는 [houm] 「호움」
- coat 「코트」 : 웃옷〈미국〉 *영국에서는 [kout] 「코우트」

[u] 「우」

우리말의 「우」와 거의 같은 소리다. 하지만 우리말의 「우」보다 입술을 더 둥글게 오므리고 내밀면서 휘파람을 불듯이 「우」하면 된다.

🔍**보기**
- book [buk] 「북」 : 책
- foot [fut] 「풋(풑)」 : 발

[uː] 「우ー」

앞의 「우」보다 더 둥글게 오므리고 혀의 뒤를 더 올리면서 「우ー」하고 길게 발음하면 된다.

🔍**보기**
- spoon [spuːn] 「스(쓰)푼ー」 : 숟가락
- moon [muːn] 「문ー」 : 달

[ʌ]「어」 우리말의 「아」할 때보다 입을 작게 벌리고 「어」에 가까운 「아」 소리를 내면 된다.

Q**보기**
· sun [sʌn] 「썬」: 태양
· cut [kʌt] 「컷(캇)」: 썰다, 베다

참고사항

* [ʌ]는 영국식 발음기호이며, 미국에서는 [ʌ]대신 [ə]를 쓴다.

[ə]「어」 입술이나 혀에 힘을 주지 않고 자연스럽게 입을 조금 벌리고 약간 「오」에 가깝게 「어」하면 된다.

Q**보기**
· ago [agóu] 「어고우」: ~이전에
· America [əmérikə] 「어메리커」: 미국

[ər]「어~」 혀 끝을 안으로 구부리고 윗니 뿌리에 혀 끝이 달락말락하게 하면서 약하게 「어~」하면 된다. 이때 그 소리는 「오~」에 가깝게 들린다.

Q**보기**
· doctor [dáktər] 「닥터~」: 의사
· actor [ǽktər] 「액터~」: 배우

참고사항

* 영국인은 미국인과는 달리 [ər]를 [ə]로 발음한다. 위의 '보기' 역시 영국인은 doctor는 [dɔ́ktə], actor는 [ǽktə]로 발음한다.

● 이중모음

두 개의 다른 모음이 한데 연결되어 약한 쪽이 강한 쪽에 붙어서 하나의 음절을 이루는 것을 '이중모음'이라 한다.

[ai] 「아이」 [a]의 발음은 [a]와 같고, [i] 역시 알파벳 [i]의 발음과 같다. [ai]의 발음은 우리 말의 「아이」와 같은 발음이다.

보기 • sky [skai] 「스카이」 : 하늘
• night [nait] 「나이트」 : 밤

참고사항

* [a]는 단독으로 사용하지 않으며, 반드시 그 다음에 [i] 또는 [u]를 두어서 [ai], [au]와 같이 '이중모음'으로 사용된다.

[au] 「아우」 「아」를 강하게 「우」는 약하게 살짝 붙여 「아우」하고 발음한다.

보기 • mouse [maus] 「마우스」 : 생쥐
• out [aut] 「아웃」 : 밖으로

[ei] 「에이」 [e]음과 [i]발음을 합친 음이다. 한 마디로 [ei]의 발음은 알파벳 'A(a)'의 발음과 같다.

보기 • table [teibl] 「테이블」 : 탁자
• name [neim] 「네임」 : 이름

[ɛər] 「에어~」 [ɛ]와 [ər]의 음을 합친 음. [ɛ]를 강하게 [ər]을 약하게 발음한다. 미국에서는 [ɛər]를 쓰고, 영국에서는 [ɛə]를 쓴다.

보기 • bear [bɛər] 「베어~」 : 곰〈미국〉 *영국에서는 [bər] 「베어」
• air [ɛər] 「에어~」 : 공기〈미국〉 *영국에서는 [ɛr] 「에어」

[iə] 「이어」 [i]와 [ə]의 발음을 합친 음. [i]를 강하게, [ə]는 약하게 이어서 발음한다.

보기 • idea [aidíːə] 「아이디-어」 : 생각

[iər] 「이어~」 [i]와 [ər]의 발음을 합친 음. [i]를 강하게, [ə]를 약하게 이어서 발음한다. 그리고 유의할 점은 단어속이 [r]이 있을 때에 미국에서는 [iər]을 쓰고 영국에서는 [iə]를 쓴다.

🔍보기 • near [níər] 「니어~」 : 가까이〈미국〉 *영국에서는 [niə] 「니어」
  • beer [bíər] 「비어~」 : 맥주〈미국〉 *영국에서는 [biə] 「비어」

[oər] 「오어~」 [o]와 [ər]음을 합친 음. [o]를 강하고 약간 길게, [ər]은 약하게 이어서 발음한다.

🔍보기 • door [dóːr] 「도어~」 : 창문
  • store [stóːr] 「스토어~」 : 상점
  *영국인은 미국인과는 달리 door를 [dɔː] 또는 [dɔə], store를 [stɔː] 또는 [stɔə] 로 발음한다.

[ɔi] 「오이」 [ɔi]는 [ɔ]와 [i]를 합친 음이다. [ɔ]는 강하게, [i]는 약하게 연이어 발음한다.

🔍보기 • toy [tɔi] 「토이」 : 장난감
  • boy [bɔi] 「보이」 : 소년

[ou] 「오우」 「오」를 세게, 「우」를 가볍게 이어서 발음한다.
[ou]의 발음은 이를테면, 알파벳 'o'의 발음과 같다.

🔍보기 • nose [noːz] 「노오즈」 : 코 〈미국〉 *영국에서는 [nouz] 「노우즈」
  • no [no] 「노오」 : 아니오 〈미국〉 *영국에서는 [nou] 「노우」

[uər] 「우어~」 [uər]은 [u]와 [ər]의 발음을 합친 음이다. [u]를 강하게 [ər]은 약하게 이어서 발음한다. 여기서 유의할 점은 미국에서는 [uər]를 쓰고, 영국에서는 [uə]를 쓴다는 걸 이해하기 바란다.

🔍보기 • poor [puər] 「푸어~」 : 가난한 〈미국〉 *영국에서는 [puə] 「푸어」
  • your [juər] 「유어~」 : 당신의 〈미국〉 *영국에서는 [yuə] 「유어」

3. 자음이란 무엇인가?

자음이란 발음할 때 혀, 이, 구강, 입술 등이 발음기관에 의해 호흡이 제한되어 나오는 소리를 말한다.

자음은 성대의 진동을 수반하는 유성(有聲) 자음과 그렇지 않은 무성(無聲)자음 두가지로 크게 나눌 수 있다.

[p] 「ㅍ(프)」 우리말의 닿소리(자음)인 「ㅍ」음과 같은 소리로 양입술을 물었다가 급히 열면 「ㅍ」음에 가까운 무성음 「ㅍ」음이 나온다.

🔍보기 • pig [pig] 「픽」 : 돼지
• page [peidʒ] 「페이지」 : 페이지, 쪽

[b] 「ㅂ(브)」 발음방법은 [p]와 같고, 다만 「브」음에 가까운 「ㅂ」로 발음하면 된다. 유성음이다.

🔍보기 • bed [bed] 「베드」 : 침대
• book [buk] 「북」: 책

[t] 「ㅌ(트)」 우리말 「트」에서 「ㅡ」을 뺀 음이라고 생각하면 된다. 윗몸에 혀 끝을 붙였다가 갑자기 떼면 된다. 무성음이다.

🔍보기 • tent [tent] 「텐트」 : 천막
• top [tap] 「탑」 : 꼭대기

[d] 「ㄷ(드)」 [t]음을 발음할 때와 같은 방식으로 발음하되, 이것도 우리말 「드」에서 「ㅡ」음을 뺀 음으로 발음하면 된다.

🔍보기 • desk [desk] 「데스크」 : 책상
• day [dey] 「데이」 : 일, 하루

[k] 「ㅋ(크)」 우리말 「ㅋ」에서 「ㅡ」를 뺀 발음이라고 보면 된다. 무성음이다.

🔍보기 • king [kíŋ] 「킹」 : 왕
　　　 • cup [kʌp] 「컵」 : 잔

[g] 「ㄱ(그)」 이것 또한 우리말 「그」에서 「ㅡ」를 뺀 발음이라고 보면 된다.

🔍보기 • girl [gə́rl] 「거〜얼」 : 소녀
　　　 • pig [pig] 「픽」 : 돼지

[f] 「ㅍ(프), ㅎ(흐)」 [f]음은 우리말에는 없는 음이니 특히 주의하기 바란다. 윗니를 아랫입술에 가볍게 대고 「프」하면 「흐」에 비슷한 입김 소리가 나온다. 무성음이다.

🔍보기 • foot [fut] 「풋」 : 발
　　　 • finger [fíŋgər] : 손가락

[v] 「ㅂ(브)」 [v]음도 우리말에는 없는 음이다 물론 「v」음을 우리글로 표기할때에는 [b]음과 같으나 실제 발음은 다르다.

🔍보기 • voice [vois] 「보이스」 : 소리
　　　 • five [faiv] 「파이브」 : 다섯, 5

[s] 「ㅅ(스), ㅆ(쓰)」 우리말의 「스(쓰)」에서 「ㅡ」를 뺀 「스(쓰)」음이라고 보면 된다. 혀 끝을 윗 잇몸에 가까이 하여 내는 무성음이다.

🔍보기 • sound [saund] 「싸운드」 : 음향
　　　 • desk [desk] 「데스크」 : 책상

[z] 「ㅈ(즈)」

[s]와 같은 방식으로 발음하는 유성음이다. 다만 [z]음은 [s]음의 흐린 소리이며 우리말의 「ㅈ」음의 굵히는 소리 쯤으로 보면 된다. 아무튼 [z]음 또한 우리말에는 없는 음이다.

🔍보기
- zoo [zuː] 「주ー」 : 동물원
- rose [rouz] 「로우즈」 : 장미

[θ] 「ㅆ(쓰), ㄷ(드)」

[θ]음도 우리말에는 없는 음이니 유의하기 바란다. 혀 끝을 살짝 물면서 「ㅆ(쓰), ㄷ(드)」로 발음하면 [θ]음이 나온다. 무성음이다. [s]음 [z]음과 혼동하지 말 것.

🔍보기
- thank [θǽŋk] 「쌩크」 : 감사하다
- mouth [mauθ] 「마우쓰」 : 입

[ð] 「ㄷ(드)」

[ð]음은 [θ]음의 흐린음이다. 물론 [θ]음과 같은 방식으로 혀 끝을 살짝 물면서 「쓰」하면 「드」에 가까운 소리가 난다.

🔍보기
- this [ðís] 「디스」 : 이것
- mother [mʌðər] 「머더~」 : 어머니

[ʃ] 「쉬.시」

[s]음이나 [z]음을 말할 때보다 혀 끝을 더 높이고 약간 내밀면서 「쉬」하면서 「시」에 가까운 소리가 난다. 무성음이다.
[f]를 발음하는 식으로 하면 된다. 유성음이다.

🔍보기
- she [ʃíː] 「쉬ー(시ー)」 : 그여자
- sheet [ʃíːt] 「쉬ー(시)트」 : 종이

[ʒ] 「쥐(지)」

[ʃ]의 흐린 음으로 발음 요령 역시 [ʃ]와 같다. 다만 소리를 내면서 「쥐(지)」에 가까운 음을 낸다. 무성음이다.

🔍보기
- rouge [rúːʒ] 「루쥐」 : 연지
- pleasure [pléʒər] 「플레저~」 : 즐거움

[tʃ] 「ㅊ(츠)」 [t]와 [ʃ]가 합친 음으로 「취」「치」에 가까운 「ㅊ」음으로 보면 된다. 무성음이다.

🔍 보기
- chair [tʃέər] 「체어~」 : 의자
- church [tʃə́ːrtʃ] 「처~치」 : 교회

[dʒ] 「ㅈ(즈,지)」 [d]와 [ʒ]가 합친 음으로 [tʃ]의 흐린 소리를 보면 된다. 앞의 [tʃ]음은 목에서 안 나는 입김인데 반해, [dʒ]음은 목에서 소리가 난다.

🔍 보기
- just [dʒʌ́st] 「저스트」 : 꼭, 반드시
- bridge [brídʒ] 「브릿지」: 다리

[h] 「ㅎ(흐)」 성대를 열고 자유롭게 입속을 지나가도록 발음하는 무성음이다. 다시 말하면 우리 말 「하」에서 「ㅏ」, 「흐」에서 「ㅡ」를 뺀 「ㅎ」음이라고 보면 된다.

🔍 보기
- hand [hænd] 「핸드」 : 손
- house [haus] 「하우스」 : 집

[l] 「ㄹ(을)」 혀끝을 윗잇몸에 댄 채로 혀에는 힘을 넣지 않고 내는 유성음. 즉, 우리말 「을」에 가까운 소리로 「으」를 뺀 「ㄹ」음 쯤으로 보면 된다.

🔍 보기
- ball [bɔ́ːl] 「보올」 : 공
- love [lʌv] 「러브」 : 사랑

[r] 「ㄹ(르)」 혀끝을 윗잇몸에 달락말락하게 하고, 혀끝과 윗니 뿌리 사이로부터 내보내는 유성음이다. 즉, 우리말 「라, 르」에서 「ㅏ」「ㅡ」를 뺀 「ㄹ」음에 가까운 음이라고 생각하면 된다. 특히 [l]음과 혼동하지 않도록 한다.

🔍 보기
- red [red] 「레드」 : 빨간
- bread [bred] 「브레드」 : 빵

[j] 「의(이.으)」

혓바닥을 입천장 가까이까지 올리고, 짧게 「이」하면 「이.으」가 합친 음같은 소리가 나는데, 이것이 바로 「j」음이다. 다시 말하면 「유」라고 발음하고 그 입 모양을 그대로 두고 「이」하면 된다.

🔍보기
- yes [jes] 「예스」 : 예(네)
- you [juː] 「유–」 : 당신

[w] 「우」

두 입술에 힘을 넣어 둥글게 하여 내밀고 혀 뒤를 입천정으로 올리면서 그 사이로부터 세게 「우」하면 된다.

🔍보기
- wood [wud] 「우드」 : 나무, 숲
- watch [wátʃ] 「왓치」 : 시계

[m] 「ㅁ(음.므)」

우리글의 「ㅁ」과 같은 음으로, 두 입술을 다물면서 내는 유성음이다.

🔍보기
- milk [milk] 「밀크」 : 우유
- my [mai] 「마이」 : 나의

[n] 「ㄴ(느.은)」

우리글의 「ㄴ」과 같은 음으로, 혀 끝을 윗잇몸에 단단히 붙였다가 떼며 내는 소리이며 유성음이다.

🔍보기
- now [nau] 「나우」 : 지금
- sun [sʌ́n] 「썬」 : 태양

[íŋ] 「ㅇ(응)」

우리글의 「ㅇ」과 같은 음이다. 혀의 뒷부분을 입천장 뒤에 붙여서 내는 유성음이다.

🔍보기
- sing [síŋ] 「씽」 : 노래 부르다
- king [kíŋ] 「킹」 : 왕

[ts] 「ㅆ(쓰)」 [t]와 [s]가 합친 음으로, 「ㅊ(츠)」에 가까운 「ㅆ(쓰)」 소리다. [ts]와 혼동되지 않도록 주의하며 유성음이다.

🔍 **보기**
- hats [hǽts] 「햇츠」 : 모자들
- cats [kǽts] 「캣츠」 : 고양이들

[dz] 「ㅈ(즈)」 [ts]의 흐린 음으로 [d]와 [z]가 합친 음이다. 혀끝을 윗니 뿌리에 대고 [d]음이 섞이도록 하면서 「ㅈ(즈)」하면 된다. 유성음이다.

🔍 **보기**
- beds [bedz] 「베즈」 : 침대들
- hands [hǽndz] 「핸즈」 : 손들

[hw] 「후」 [hw]음은 미국식 발음으로 [h]와 [w]음이 합친 음이다. 영국에서는 그냥 [w] 「우」라고 발음한다.

🔍 **보기**
- what [hwat] 「홧」 : 무엇 (미국식) ＊영국에서는 「왓」
- where [hwέər] 「훼어～」 : 어디로 (미국식) ＊영국에서는 「웨어」

3단계 왕초보

영어
쓰기교본

Part I

1단계

알파벳 발음과 쓰기

	대문자	A	B	C	D	E	F	G	H	I	J	K
알파벳 인쇄체 읽고 쓰기	소문자	a	b	c	d	e	f	g	h	i	j	k
	발음	에이 [ei]	비- [bi:]	씨- [si:]	디- [di:]	이- [i:]	에프 [ef]	쥐- [dʒi:]	에이치 [eitʃ]	아이 [ai]	제이 [dʒei]	케이 [kei]

Apple [ǽpl]
애플
사과

에이 [ei]

※ 「에」를 짧고 강하게, 바로 이어서 「이」를 살짝 붙여 「에이」하고 발음하면 된다.

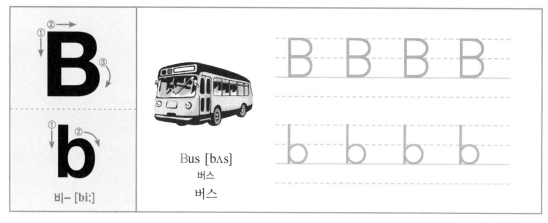

Bus [bʌs]
버스
버스

비- [bi:]

※ 윗입술과 아랫입술을 가볍게 붙였다가 떼면서 동시에 세게 「비」하면 된다.

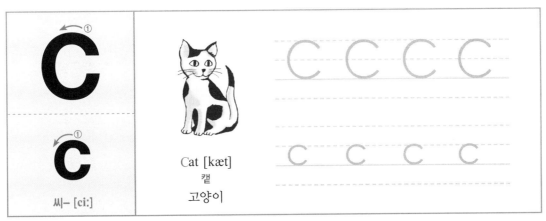

Cat [kæt]
캩
고양이

※ 혀끝을 윗잇몸에 가까이 붙이고서 처음 「씨」를 세게 발음하면서 「쓰이」에 가까운 「씨이」가 된다.

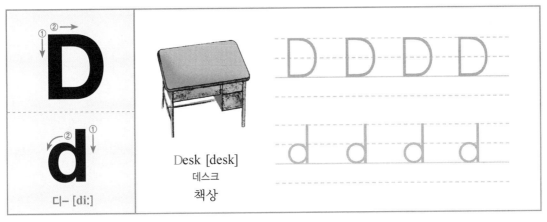

Desk [desk]
데스크
책상

※ 혀끝을 윗니 뒤에 살짝 붙였다가 떼면서 강하게 「디이」하면 된다.

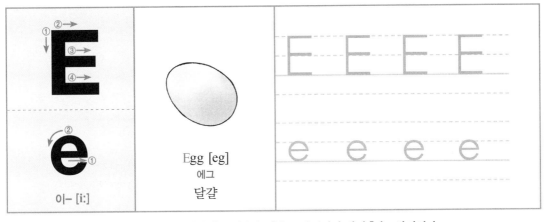

Egg [eg]
에그
달걀

※ 우리말의 「이」보다 혀의 가운데를 높이올리고 입술을 좌우로 당기면서 길게 「이−」하면된다.

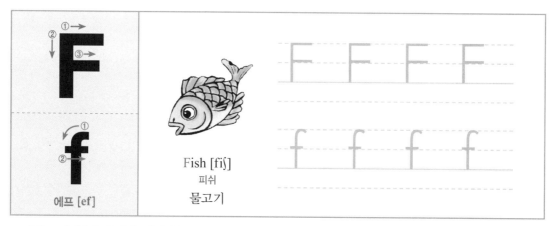

F

f

에프 [ef]

Fish [fiʃ]
피쉬
물고기

※ 가볍고 짧게 「에」에 이어, 아랫입술을 윗니로 가볍게 누르고 그 사이로 밀어내듯이 「프(흐)」하면서 「흐」에 가까운 소리가 난다. *우리에게 없는 음이니 주의하기 바란다..

G

g

쥐― [dʒi:]

Girl [gə:rl]
거얼
소녀

※ 혀를 입천정에 넓게 붙이려고 애쓰면서 입술을 조금 앞으로 내밀고 길게 「쥐이」에 가깝게 「지―」하고 발음하면 된다.

H

h

에이취 [eitʃ]

Hen [hen]
헨
암탉

※ 「에」는 세게, 「이취」는 약하게, 「에」뒤에 가볍게 붙인다. 여기서 「취」는 「츠」에 가까운 음이니 주의하기 바란다.

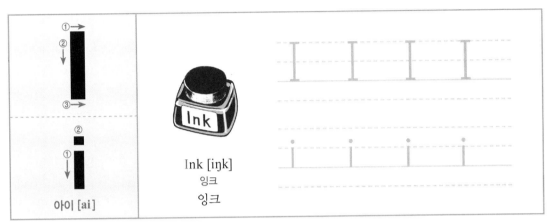

Ink [iŋk]
잉크
잉크

※ 「아」는 세게, 「이」는 약하게 「아」뒤에 가볍게 붙인다. 우리 말의 「아이」와 같은 발음이다.

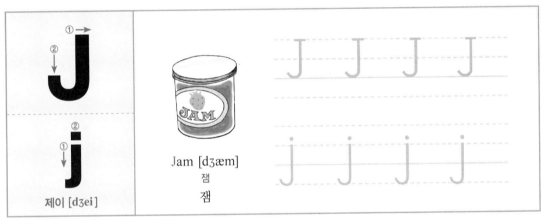

Jam [dʒæm]
잼
잼

※ 「제」를 세게, 「이」는 약하게 「제」뒤에 가볍게 붙여 발음한다.

king [kiŋ]
킹
킹

※ 「케」를 강하고 짧게, 「이」는 약하게 「케」 뒤에 가볍게 붙여 발음한다.

아이 [ai]
제이 [dʒei]
케이 [kei]

1 단계
2 단계
3 단계

알파벳 인쇄체 읽고 쓰기	대문자	L	M	N	O	P	Q	R	S	T	U	V
	소문자	l	m	n	o	p	q	r	s	t	u	v
	발음	엘 [el]	엠 [em]	엔 [en]	오우 [ou]	피- [pi:]	큐 [kju:]	아알 [:(r)]	에스 [es]	티- [ti:]	유- [ju:]	비- [vi:]

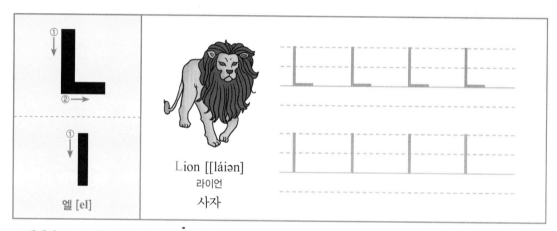

Lion [[láiən]
라이언
사자

엘 [el]

※ 대체적으로 우리말의 「엘」을 발음하듯이 혀끝을 굴리며 발음하면 된다.

Monkey [mʌŋki]
멍키
원숭이

엠 [em]

※ 「에」를 세게, 「ㅁ」은 입을 다물고 코로 소리를 내듯 동시에 「엠」하면 된다.

Nurse [nəːrs]
널-스
간호사

※ 앞의 M과 같이, 우리말의 「엔」을 발음하듯이 「엔」을 발음하듯이 「엔」하고 발음하면 된다.

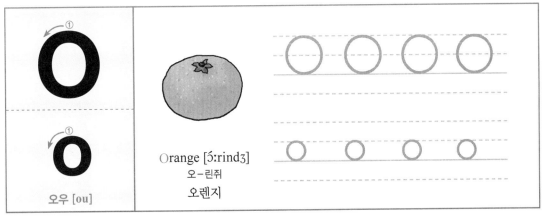

Orange [ɔ́ːrindʒ]
오-린쥐
오렌지

※ 「오」를 세게 발음하고, 「우」를 「오」 뒤에 가볍게 붙여 「오우」라고 발음한다.

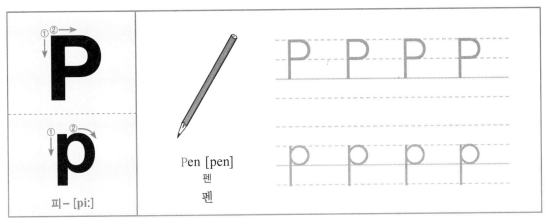

Pen [pen]
펜
펜

※ 다물었던 양 입술을 터트리며 동시에 좀 길게 「피-」하면 된다.

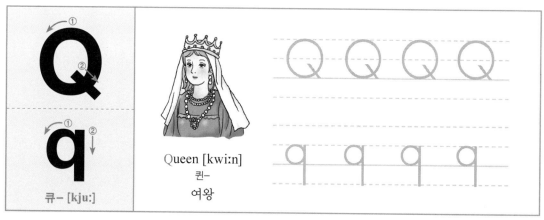

Queen [kwiːn]
퀸-
여왕

큐- [kjuː]

※ 대체적으로 우리말의 「큐우」를 발음하는 것처럼 발음하면 된다.

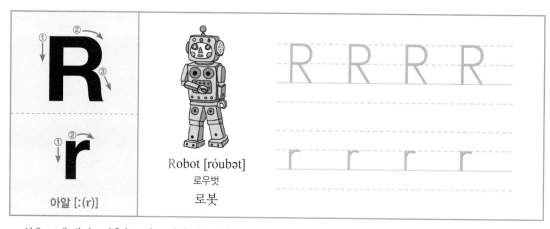

Robot [róubət]
로우벗
로봇

아알 [ː(r)]

※ 입을 크게 벌리고서 「아~」하고 길게 발음하면서 혀를 안으로 꼬부리며 살짝 「ㄹ」음을 낸다.

Skirt [skəːrt]
스커:~트
치마

에스 [es]

※ 「에」와 「스」를 한꺼번에 발음하되, 「에」를 조금 세게 발음하면 된다.

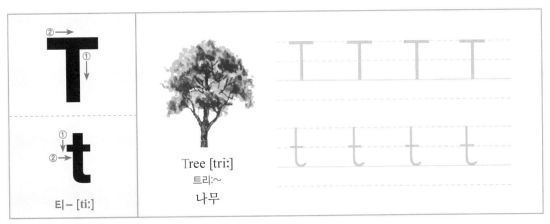

Tree [tri:]
트리:~
나무

※ 앞의 「D」의 발음 요령과 비슷하다. 단 「티」를 강하게, 그리고 「이」를 약하게 발음하면 된다.

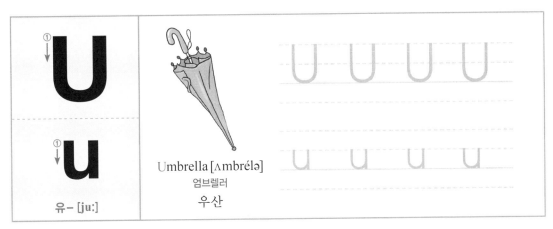

Umbrella [ʌmbrélə]
엄브렐러
우산

※ 입술을 동그랗게 해서 내밀고 「유」와 「우」를 동시에 「유우」하고 발음하면 된다.

Violin [vàiəlín]
바이얼린
바이올린

※ 윗니 끝을 아랫입술에 가볍게 대고 「브이」하면 「뷔」에 가까운 소리가 난다. B「비」와 혼동하지 말것.

알파벳 인쇄체 읽고 쓰기	대문자	W	X	Y	Z
	소문자	w	x	Y	z
	발음	더블유- [dblju:]	엑스 [eks]	와이 [wai]	지이 [zi:]

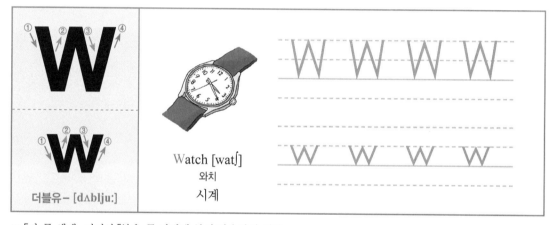

Watch [watʃ]
와치
시계

더블유- [dʌblju:]

※「더」를 세게, 이어서「블유」를 가볍게 붙여 발음하면 된다.

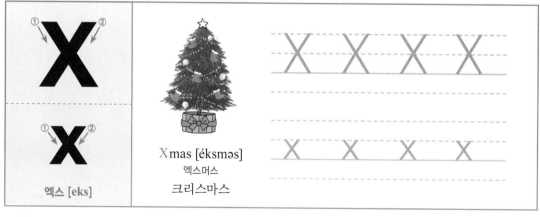

Xmas [éksməs]
엑스머스
크리스마스

엑스 [eks]

※「엑」을 세게 발음하고,「스」를「엑」뒤에 가볍게 붙여 발음하면 된다.

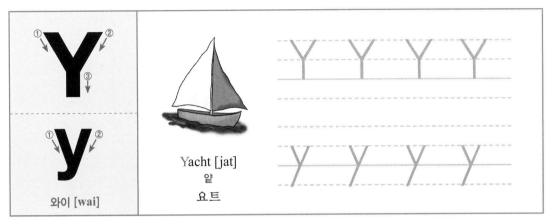

Yacht [jat]
얕
요트

※ 우리말의 「와」보다 입술을 더 둥글게 오무려서 내밀고 「와」를 세게, 이어서 「이」를 「와」 뒤에 가볍게 붙인다.

와이 [wai]

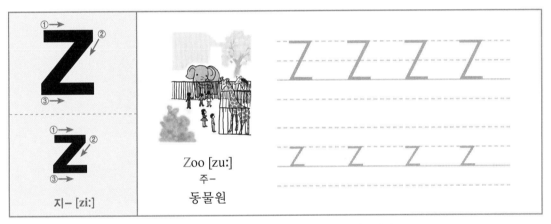

Zoo [zu:]
주-
동물원

지- [zi:]

※ 영국에서는 「젯」으로 발음한다. 그러나 미국에서는 「즈이」또는 「지이」로 발음한다.

1 단계

2 단계

3 단계

	대문자	a	B	C	D	E	F	G	H	I	J	K
알파벳 필기체 읽고 쓰기	소문자	a	b	c	d	e	f	g	h	i	j	k
	발음	에이 [ei]	비- [bi:]	씨- [si:]	디- [di:]	이- [i:]	에프 [ef]	쥐- [dʒi:]	에이치 [eitʃ]	아이 [ai]	제이 [dʒei]	케이 [kei]

Airplane [erplein]
에어플레인
비행기

※ 「에」를 짧고 강하게, 바로 이어서 「이」를 살짝 붙여 「에이」하고 발음하면 된다.

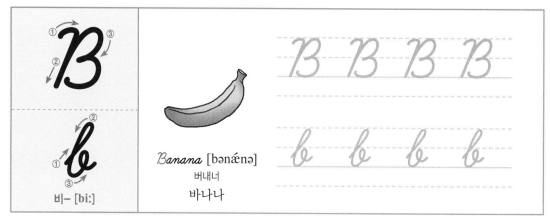

Banana [bənǽnə]
버내너
바나나

※ 윗입술과 아랫입술을 가볍게 붙였다가 떼면서 동시에 세게 「비」하면 된다.

Cake [keik]
케잌
케이크

※ 혀 끝을 윗잇몸에 가까이 붙이고서 처음 「씨」를 세게 발음하면서 「쓰이」에 가까운 「씨이」가 된다.

Dog [dɔːg]
도-그
개

※ 혀 끝을 윗니 뒤에 살짝 붙였다가 떼면서 강하게 「디이」하면 된다.

Elephant [éləfənt]
엘러펀트
코끼리

※ 우리말의 「이」보다 혀의 가운데를 높이올리고 입술을 좌우로 당기면서 길게 「이-」하면된다.

1단계

Frog [frɔ:g]
포로:~그
개구리

※ 가볍고 짧게 「에」에 이어, 아랫입술을 윗니로 가볍게 누르고 그 사이로 밀어내듯이 「프(흐)」하면서 「흐」에 가까운
소리가 난다. *우리에게 없는 음이니 주의하기 바란다..

Grape [greip]
그레이프
포도

※ 혀를 입천정에 넓게 붙이려고 애쓰면서 입술을 조금 앞으로 내밀고 길게 「쥐이」에 가깝게 「지-」하고 발음하면 된다.

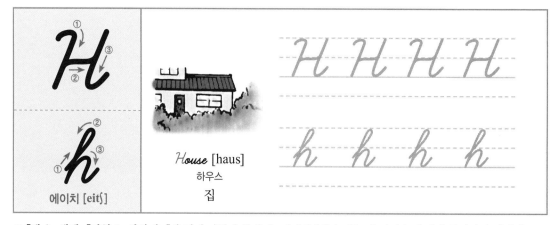

House [haus]
하우스
집

※ 「에」는 세게, 「이취」는 약하게, 「에」뒤에 가볍게 붙인다. 여기서 「취」는 「츠」에 가까운 음이니 주의하기 바란다.

36 3단계 왕초보 영어 쓰기 교본

아이 [ai]

Ice cream
[ais kriːm]
아이스크림-
아이스크림

※「아」는 세게,「이」는 약하게「아」뒤에 가볍게 붙인다. 우리 말의「아이」와 같은 발음이다.

제이 [dʒei]

Jacket [dʒækit]
재킽
재킷

※「제」를 세게,「이」는 약하게「제」뒤에 가볍게 붙여 발음한다.

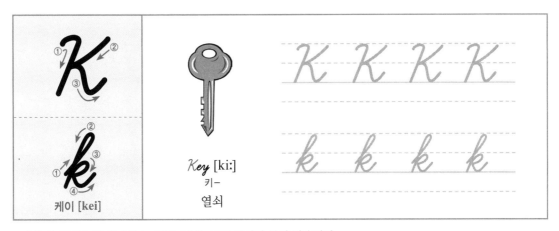

케이 [kei]

Key [kiː]
키-
열쇠

※「케」를 강하고 짧게,「이」는 약하게「케」뒤에 가볍게 붙여 발음한다.

1 단 계

2 단 계

3 단 계

	대문자	L	M	N	O	P	Q	R	S	T	U	V
알파벳 필기체 읽고 쓰기	소문자	l	m	n	o	p	q	r	s	t	u	v
	발음	엘 [el]	엠 [em]	엔 [en]	오우 [ou]	피— [pi:]	큐— [kju:]	아알 [:(r)]	에스 [es]	티— [ti:]	유— [ju:]	비— [vi:]

L 엘 [el]
l

Lamp [læmp]
램프
램프

※ 대체적으로 우리말의 「엘」을 발음하듯이 혀끝을 굴리며 발음하면 된다.

M 엠 [em]
m

Mouse [maus]
마우스
쥐

※ 「에」를 세게, 「ㅁ」은 입을 다물고 코로 소리를 내듯 동시에 「엠」하면 된다.

Notebook [nóutbùk]
노우트북
노트북

엔 [en]

※ 앞의 M과 같이, 우리말의 「엔」을 발음하듯이 「엔」을 발음하듯이 「엔」하고 발음하면 된다.

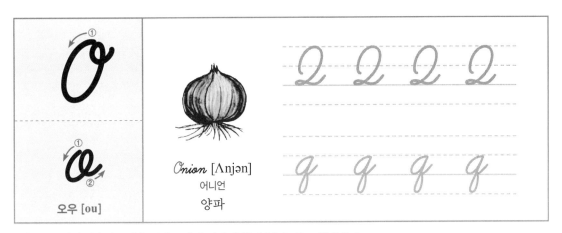

Onion [ʌnjən]
어니언
양파

오우 [ou]

※ 「오」를 세게 발음하고, 「우」를 「오」뒤에 가볍게 붙여 「오우」하고 발음한다.

Pig [pig]
피그
돼지

피 – [pi:]

※ 다물었던 양 입술을 터트리며 동시에 좀 길게 「피–」하면 된다.

큐- [kju:]

Query [kwíəri]
퀴어리
질문하다

※ 대체적으로 우리말의 「큐우」를 발음하는 것처럼 발음하면 된다.

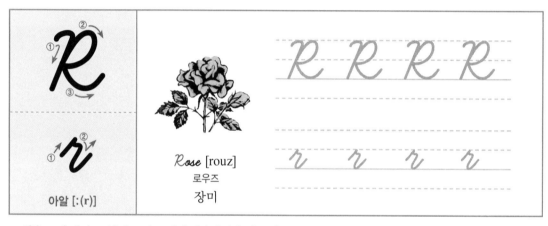

아알 [:(r)]

Rose [rouz]
로우즈
장미

※ 입을 크게 벌리고서 「아~」하고 길게 발음하면서 혀를 안으로 꼬부리며 살짝 「ㄹ」음을 낸다.

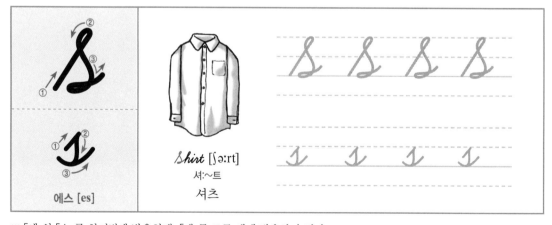

에스 [es]

Shirt [ʃə:rt]
셔:~트
셔츠

※ 「에」와 「스」를 한꺼번에 발음하되, 「에」를 조금 세게 발음하면 된다.

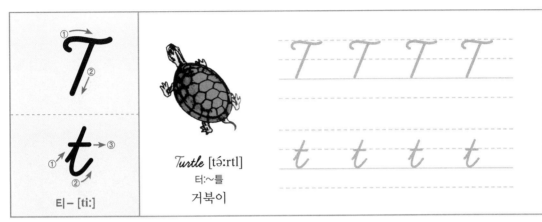

Turtle [tə́:rtl]
터:~틀
거북이

티 - [ti:]

※ 앞의 「D」의 발음 요령과 비슷하다. 단 「티」를 강하게, 그리고 「이」를 약하게 발음하면 된다.

Unicycle [júːnisàikl]
유-니사이클
외바퀴 자전거

유 - [ju:]

※ 입술을 동그랗게 해서 내밀고 「유」와 「우」를 동시에 「유우」하고 발음하면 된다.

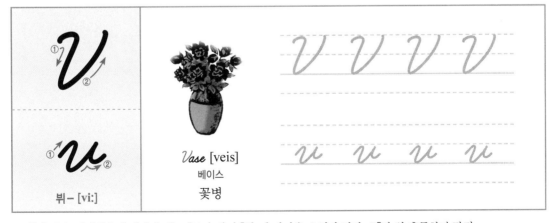

Vase [veis]
베이스
꽃병

뷔 - [vi:]

※ 윗니 끝을 아랫입술에 가볍게 대고 「브이」하면 「뷔」에 가까운 소리가 난다. B「비」와 혼동하지 말것.

	대문자	$\mathcal{W}$	$\mathcal{X}$	$\mathcal{Y}$	$\mathcal{Z}$
알파벳 필기체 읽고 쓰기	소문자	w	x	$\mathcal{Y}$	$\mathcal{z}$
	발음	더블유- [dblju:]	엑스 [eks]	와이 [wai]	지- [zi:]

Watermelon
[wɔ́tərmelən]
워터멜런
수박

더블유- [dʌblju:]

※ 「더」를 세게, 이어서 「블유」를 가볍게 붙여 발음하면 된다.

Xylophone
[záiləfòun]
자이러포운
실로폰

엑스 [eks]

※ 「엑」을 세게 발음하고, 「스」를 「엑」 뒤에 가볍게 붙여 발음하면 된다.

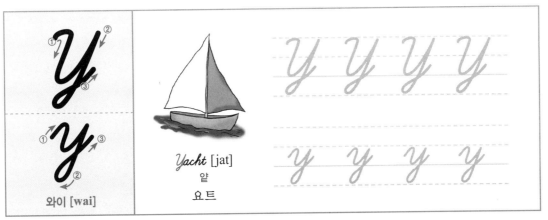

Yacht [jat]
얕
요트

※ 우리말의 「와」보다 입술을 더 둥글게 오무려서 내밀고 「와」를 세게, 이어서 「이」를 「와」 뒤에 가볍게 붙인다.

Zebra [zí:brə]
지-브러
얼룩말

와이 [wai]

지- [zi:]

※ 영국에서는 「젯」으로 발음한다. 그러나 미국에서는 「즈이」또는 「지이」로 발음한다.

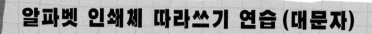

알파벳 인쇄체 따라쓰기 연습 (대문자)

● A~K 따라쓰기

A B C D E F G H I J K

A B C D E F G H I J K

A B C D E F G H I J K

A B C D E F G H I J K

● L~V 따라쓰기

L M N O P Q R S T U V

L M N O P Q R S T U V

L M N O P Q R S T U V

L M N O P Q R S T U V

● W~Z 따라쓰기

W X Y Z

W X Y Z

W X Y Z

W X Y Z

1 단계

2 단계

3 단계

알파벳 인쇄체 따라쓰기 연습 (소문자)

● a~g 따라쓰기

a b c d e f g h i j k

a b c d e f g h i j k

a b c d e f g h i j k

a b c d e f g h i j k

● l~v 따라쓰기

l m n o p q r s t u v

l m n o p q r s t u v

l m n o p q r s t u v

l m n o p q r s t u v

● w~z 따라쓰기

w x y z

w x y z

w x y z

w x y z

알파벳 필기체 따라쓰기 연습 (대문자)

● *A~K* 따라쓰기

A B C D E F G H I J K

A B C D E F G H I J K

A B C D E F G H I J K

A B C D E F G H I J K

● *L~V* 따라쓰기

L M N O P Q R S T U V

L M N O P Q R S T U V

L M N O P Q R S T U V

L M N O P Q R S T U V

● W~Z 따라쓰기

W X Y Z

W X Y Z

W X Y Z

W X Y Z

알파벳 필기체 따라쓰기 연습 (소문자)

● *a~k* 따라쓰기

a b c d e f g h i j k

a b c d e f g h i j k

a b c d e f g h i j k

a b c d e f g h i j k

● *l~v* 따라쓰기

l m n o p q r s t u v

l m n o p q r s t u v

l m n o p q r s t u v

l m n o p q r s t u v

• w~z 따라쓰기

w x y z

w x y z

w x y z

w x y z

알파벳 인쇄체 이어쓰기 연습 (대문자)

● A~Z 이어쓰기

A B C D E F G H I

J K L M N O P Q R

S T U V W X Y Z

A B C D E F G H I

J K L M N O P Q R

S T U V W X Y Z

알파벳 인쇄체 이어쓰기 연습 (소문자)

● a~z 이어쓰기

a b c d e f g h i

j k l m n o p q r

s t u v w x y z

a b c d e f g h i

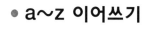

j k l m n o p q r

s t u v w x y z

a b c d e f g h i

j k l m n o p q r

s t u v w x y z

알파벳 필기체 이어쓰기 연습 (대문자)

● $a \sim z$ 이어쓰기

A B C D E F G H I

J K L M N O P Q R

S T U V W X Y Z

A B C D E F G H I

J K L M N O P Q R

S T U V W X Y Z

단 계 1

A B C D E F G H I

J K L M N O P Q R

단 계 2

S T U V W X Y Z

단 계 3

알파벳 필기체 이어쓰기 연습 (소문자)

● *a~z* 이어쓰기

a   b   c   d   e   f   g   h   i

j   k   l   m   n   o   p   q   r

s   t   u   v   w   x   y   z

a   b   c   d   e   f   g   h   i

j   k   l   m   n   o   p   q   r

s   t   u   v   w   x   y   z

a b c d e f g h i

j k l m n o p q r

s t u v w x y z

알파벳 필기체 대소문자 혼합쓰기 연습

● a~z 이어쓰기

Aa Bb Cc Dd Ee Ff Gg

Hh Ii Jj Kk Ll Mm Nn

Oo Pp Qq Rr Ss Tt Uu

Vv Ww Xx Yy Zz

Aa Bb Cc Dd Ee Ff Gg

Hh Ii Jj Kk Ll Mm Nn

Oo Pp Qq Rr Ss Tt Uu

Vv Ww Xx Yy Zz

3단계 왕초보

영어
쓰기교본

Part Ⅱ

2단계

주제별 단어 쓰기

2 단계

주제별 단어 쓰기

육상동물

cat [캩]	dog [도-그]	cow [카우]
고양이	개	젖소

cat cat · · · dog dog · · · cow cow

cat cat · · · dog dog · · · cow cow

cat cat · · · dog dog · · · cow cow

cat cat · · · dog dog · · · cow cow

horse [호:~스]	lion [라이언]	fox [팍-스]

말	사자	여우

horse　　　lion lion　　　fox fox

horse　　　lion lion　　　fox fox

horse　　　*lion lion*　　　*fox fox*

horse　　　*lion lion*　　　*fox fox*

나무와 꽃

pine tree [파인 트리]	bamboo [뱀부]	sunflower [선플라워]
소나무	대나무	해바라기

pine tree   bamboo   sunflower

pine tree   bamboo   sunflower

pine tree   *bamboo*   *sunflower*

pine tree   *bamboo*   *sunflower*

rose [로우즈]	tulip [튜-립]	lily [릴리]
장미	튤립	백합

rose rose | tulip tulip | lily lily

rose rose | tulip tulip | lily lily

rose rose | tulip tulip | lily lily

rose rose | tulip tulip | lily lily

과일

apple [애플]	banana [버내너]	orange [오-린쮜]
사과	바나나	오렌지

apple   banana   orange

apple   banana   orange

apple   banana   orange

apple   banana   orange

grape [그레이프]	strawberry [스트로베리]	lemon [레먼]
포도	딸기	레몬

grape   strawberry   lemon

grape   strawberry   lemon

grape   strawberry   lemon

grape   strawberry   lemon

야채

tomato [터메이토]	potato [퍼테이토]	cabbage [캐비지]
토마토	감자	양배추

tomato

potato

cabbage

tomato

potato

cabbage

tomato

potato

cabbage

tomato

potato

cabbage

pea [피]	onion [어니언]	mushroom [머쉬룸]
완두콩	양파	버섯

pea pea　　　　onion　　　　mushroom

pea pea　　　　onion　　　　mushroom

pea　pea　　　　onion　　　　mushroom

pea　pea　　　　onion　　　　mushroom

곤충

ant [앤트]	spider [스파이더]	bee [비이]
개미	거미	꿀벌

ant ant   spider   bee bee

ant ant   spider   bee bee

ant ant   spider   bee bee

ant ant   spider   bee bee

ladybird [레이디버드]	**dragonfly** [드래건플라이]	**butterfly** [버터플라이]
무당벌레	잠자리	나비

ladybird

dragonfly

butterfly

ladybird

dragonfly

butterfly

ladybird

dragonfly

butterfly

ladybird

dragonfly

butterfly

새

cock [칵]	duck [덕]	swan [스완]
수탉	집오리	백조

cock cock   duck duck   swan

cock cock   duck duck   swan

cock cock   duck duck   swan

cock cock   duck duck   swan

주제별 단어쓰기

owl [아울]	pigeon [피전]	crow [크로우]
부엉이	비둘기	까마귀

owl owl   pigeon   crow

owl owl   pigeon   crow

owl owl   pigeon   crow

owl owl   pigeon   crow

1 단계

2 단계

3 단계

수중동물

whale [웨일]	shark [샤:~크]	turtle [터:~틀]
고래	상어	바다거북

whale   shark   turtle

whale   shark   turtle

whale   *shark*   *turtle*

whale   *shark*   *turtle*

octopus [악토퍼스]	lobster [랍스터~]	frog [프로:~그]
문어	바닷가재	개구리

octopus

lobster

frog frog

octopus

lobster

frog frog

octopus

lobster

frog frog

octopus

lobster

frog frog

먹을 것

bread [브레드]	**ham** [햄]	**cheese** [취-즈]
빵	햄	치즈

bread

bread

ham ham

ham ham

cheese

cheese

bread

bread

ham ham

ham ham

cheese

cheese

boiled rice [보일드 롸이스]	salad [샐러드]	cake [케이크]
쌀밥	샐러드	케이크

boiled rice

boiled rice

salad

salad

cake

cake

boiled rice

boiled rice

salad

salad

cake

cake

1단계

2단계

3단계

부엌

knife [나이프]	fork [포:~크]	dish [디쉬]
칼	포크	접시

knife   fork fork   dish dish

knife   fork fork   dish dish

knife   fork fork   dish dish

knife   fork fork   dish dish

cup [컵]	salt [솔트]	sugar [슈거]
컵	소금	설탕

cup cup   salt salt   sugar

cup cup   salt salt   sugar

cup cup   salt salt   sugar

cup cup   salt salt   sugar

1 단계

2 단계

3 단계

마실 것

cola [코울러]	juice [쥬스]	milk [밀크]

콜라	주스	우유

cola cola   juice   milk milk

cola cola   juice   milk milk

cola cola   juice   milk milk

cola cola   juice   milk milk

coffee [커-피]	tea [티-]	beer [비어~]
커피	차	맥주

coffee

tea tea

beer

coffee

tea tea

beer

coffee

tea tea

beer

coffee

tea tea

beer

몸

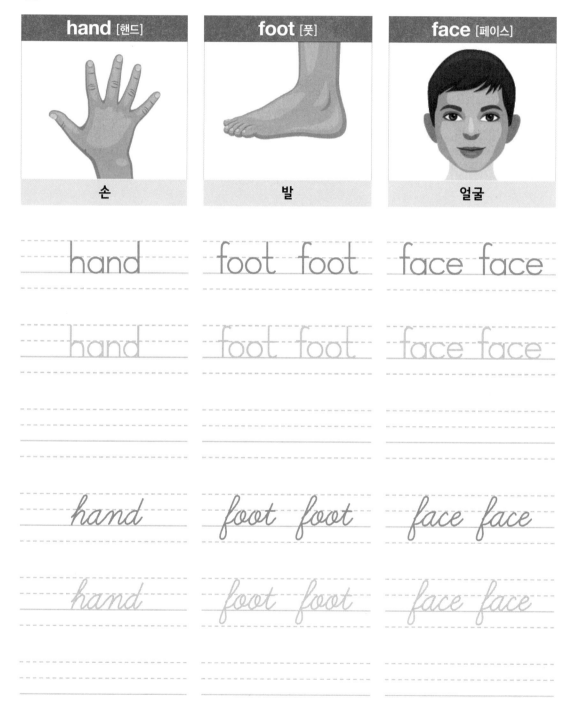

hand [핸드]	foot [풋]	face [페이스]
손	발	얼굴

hand

foot foot

face face

hand

foot foot

face face

hand

foot foot

face face

hand

foot foot

face face

hair [헤어~]

머리카락

mouth [마우스]

입

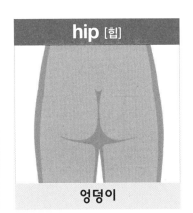

hip [힙]

엉덩이

hair hair   mouth   hip hip

hair hair   mouth   hip hip

hair hair   mouth   hip hip

hair hair   mouth   hip hip

의복과 장신구

shirt [셔:~트]	**sweater** [스웨터]	**shoes** [슈-즈]

셔츠	스웨터	신발

shirt shirt   sweater   shoes

shirt shirt   sweater   shoes

shirt shirt   sweater   shoes

shirt shirt   sweater   shoes

hat [햇]	watch [왓치]	belt [벨트]
(테가 있는) 모자	손목시계	벨트

hat hat   watch   belt belt

hat hat   watch   belt belt

hat hat   *watch*   *belt belt*

hat hat   *watch*   *belt belt*

자연

mountain [마운틴]	**sea** [시]	**sky** [스카이]
산	바다	하늘

mountain

mountain

sea sea

sea sea

sky sky

sky sky

mountain

mountain

sea sea

sea sea

sky sky

sky sky

snow [스노우]	rain [뤠인]	rainbow [뤠인보우]
눈	비	무지개

snow | rain rain | rainbow
snow | rain rain | rainbow

snow | rain rain | rainbow
snow | rain rain | rainbow

우주

sun [선]	**moon** [문-]	**earth** [어:~쓰]
태양	달	지구

sun sun   moon   earth

sun sun   moon   earth

sun sun   *moon*   *earth*

sun sun   *moon*   *earth*

Mars [마:~즈]

화성

comet [코메트]

혜성

galaxy [갤럭시]

은하계

Mars   comet   galaxy

Mars   comet   galaxy

Mars   comet   galaxy

Mars   comet   galaxy

1단계

2단계

3단계

문방구

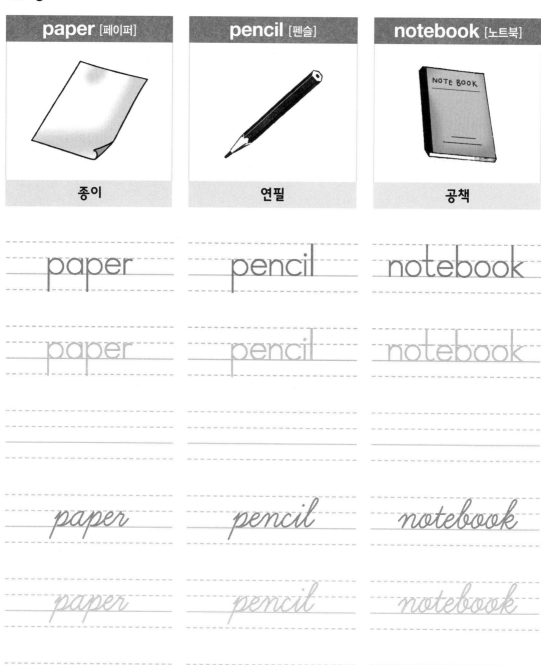

paper [페이퍼]	pencil [펜슬]	notebook [노트북]
종이	연필	공책

paper

pencil

notebook

paper

pencil

notebook

paper

pencil

notebook

paper

pencil

notebook

eraser [이뤠이저]	ruler [룰:~러]	scissors [시저즈]
지우개	자	가위

eraser

ruler ruler

scissors

eraser

ruler ruler

scissors

eraser

ruler ruler

scissors

eraser

ruler ruler

scissors

악기

piano [피애노우]	violin [바이얼린]	guitar [기타~]
피아노	바이올린	기타

piano   violin   guitar

piano   violin   guitar

piano   violin   guitar

piano   violin   guitar

harmonica [하-마-니커]

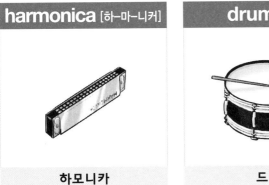

하모니카

drum [드럼]

드럼

xylophone [자이러포운]

실로폰

harmonica

harmonica

drum

drum

xylophone

xylophone

harmonica

harmonica

drum

drum

xylophone

xylophone

1단계

2단계

3단계

가구

bed [베드]	sofa [소우퍼]	table [테이블]
침대	소파	탁자

bed bed   sofa sofa   table

bed bed   sofa sofa   table

bed bed   *sofa sofa*   *table*

bed bed   *sofa sofa*   *table*

desk [데스크]	chair [췌어]	bookcase [북케이스]
책상	의자	책장

desk desk   chair   bookcase

desk desk   chair   bookcase

desk desk   chair   bookcase

desk desk   chair   bookcase

1단계

2단계

3단계

탈 것

airplane [에어플레인]	ship [쉽]	train [트뤠인]
비행기	배	기차

subway [섭웨이]	taxi [택시]	bicycle [바이시클]
지하철	택시	자전거

subway

taxi taxi

bicycle

subway

taxi taxi

bicycle

subway

taxi taxi

bicycle

subway

taxi taxi

bicycle

1 단계

2 단계

3 단계

건물

school [스쿨-]	library [라이브뤄리]	bank [뱅크]
학교	도서관	은행

school

library

bank bank

school

library

bank bank

school

library

bank bank

school

library

bank bank

hospital [하-스피럴]

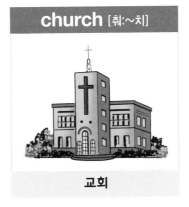

병원

church [춰:~치]

교회

factory [팩터리]

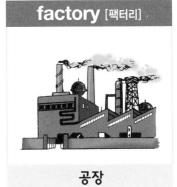

공장

hospital

hospital

hospital

hospital

church

church

church

church

factory

factory

factory

factory

가족

| grandfather [그랜드파:~더] | grandmother [그랜드머더~] | father [파:~더] |
| 할아버지 | 할머니 | 아버지 |

grandfather · grandmother · father

grandfather · grandmother · father

grandfather · grandmother · father

grandfather · grandmother · father

주제별 단어쓰기

mother [머더~]	sister [시스터~]	brother [브러더~]
어머니	자매	형제

mother   sister   brother

mother   sister   brother

mother   sister   brother

mother   sister   brother

1 단계

2 단계

3 단계

스포츠

soccer [싸커]	baseball [베이스볼–]	tennis [테니스]
축구	야구	정구

soccer

baseball

tennis

soccer

baseball

tennis

soccer

baseball

tennis

soccer

baseball

tennis

swimming [스위밍]	skiing [스킹-]	boxing [박-싱]
수영	스키	권투

swimming   skiing   boxing

swimming   skiing   boxing

swimming   *skiing*   *boxing*

swimming   *skiing*   *boxing*

2 단계

직업

teacher [티-춰~]

선생님

doctor [닥-터~]

의사

policeman [폴리-스맨]

경찰관

teacher   doctor   policeman

teacher   doctor   policeman

teacher   doctor   policeman

teacher   doctor   policeman

fireman [파이어맨]

소방수

chef [셰프]

요리사

farmer [퐈-머]

농부

fireman

fireman

chef

chef

farmer

farmer

fireman

fireman

chef

chef

farmer

farmer

숫자 쓰기

● **0_zero** [지-로우]

zero zero zero zero

zero zero zero zero

zero zero zero zero

zero zero zero zero

● **1_one** [원]

one one one one

one one one one

one one one one

one one one one

● **2_two** [투-]

two　　two　　two　　two

two　　two　　two　　two

two　　*two*　　*two*　　*two*

two　　*two*　　*two*　　*two*

● **3_three** [드리:~]

three　　three　　three　　three

three　　three　　three　　three

three　　*three*　　*three*　　*three*

three　　*three*　　*three*　　*three*

• 4_four [포:~]

four   four   four   four

four   four   four   four

four   four   four   four

four   four   four   four

• 5_five [화이브]

five   five   five   five

five   five   five   five

five   five   five   five

five   five   five   five

- **6_six** [식스]

six   six   six   six

six   six   six   six

six   *six*   *six*   *six*

six   *six*   *six*   *six*

- **7_seven** [세븐]

seven   seven   seven   seven

seven   seven   seven   seven

seven   *seven*   *seven*   *seven*

seven   *seven*   *seven*   *seven*

- **8_eight** [에잇]

eight　　eight　　eight　　eight

eight　　eight　　eight　　eight

eight　　eight　　eight　　eight

eight　　eight　　eight　　eight

- **9_nine** [나인]

nine　　nine　　nine　　nine

nine　　nine　　nine　　nine

nine　　nine　　nine　　nine

nine　　nine　　nine　　nine

● 10_ten [텐]

ten   ten   ten   ten

ten   ten   ten   ten

ten   *ten*   *ten*   *ten*

ten   *ten*   *ten*   *ten*

● 11_eleven [일레븐]

eleven eleven eleven eleven

eleven eleven eleven eleven

eleven *eleven* *eleven* *eleven*

eleven *eleven* *eleven* *eleven*

- **12_twelve** [트웰브]

twelve   twelve   twelve   twelve

twelve   twelve   twelve   twelve

twelve   twelve   twelve   twelve

twelve   twelve   twelve   twelve

- **13_thirteen** [더:~틴-]

thirteen   thirteen   thirteen

thirteen   thirteen   thirteen

thirteen   thirteen   thirteen

thirteen   thirteen   thirteen

● **14_fourteen** [포:~틴-]

fourteen   fourteen   fourteen

fourteen   fourteen   fourteen

fourteen   *fourteen*   *fourteen*

fourteen   *fourteen*   *fourteen*

● **15_fifteen** [피프틴-]

fifteen   fifteen   fifteen   fifteen

fifteen   fifteen   fifteen   fifteen

fifteen   *fifteen*   *fifteen*   *fifteen*

fifteen   *fifteen*   *fifteen*   *fifteen*

- **16_sixteen** [식스틴-]

sixteen sixteen sixteen sixteen

sixteen sixteen sixteen sixteen

sixteen sixteen sixteen sixteen

sixteen sixteen sixteen sixteen

- **17_seventeen** [세븐틴-]

seventeen seventeen seventeen

seventeen seventeen seventeen

seventeen seventeen seventeen

seventeen seventeen seventeen

• 18_eighteen [에잇틴-]

eighteen　　eighteen　　eighteen

eighteen　　eighteen　　eighteen

eighteen　　*eighteen*　　*eighteen*

eighteen　　*eighteen*　　*eighteen*

• 19_nineteen [나인틴-]

nineteen　　nineteen　　ninetee

nineteen　　nineteen　　ninetee

nineteen　　*nineteen*　　*nineteen*

nineteen　　*nineteen*　　*nineteen*

- **20_twenty** [트웬티]

twenty twenty twenty twenty

twenty twenty twenty twenty

twenty twenty twenty twenty

twenty twenty twenty twenty

- **21_twenty—one** [트웬티원]

twenty-one twenty-one twenty-one

twenty-one twenty-one twenty-one

twenty-one twenty-one twenty-one

twenty-one twenty-one twenty-one

- **30_thirty** [더-티]

thirty   thirty   thirty   thirty

thirty   thirty   thirty   thirty

thirty   thirty   thirty   thirty

thirty   thirty   thirty   thirty

- **31_thirty-one** [더-티원]

thirty-one   thirty-one   thirty-one

thirty-one   thirty-one   thirty-one

thirty-one   thirty-one   thirty-one

thirty-one   thirty-one   thirty-one

- **40_forty** [포:〜티]

forty   forty   forty   forty

forty   forty   forty   forty

forty   forty   forty   forty

forty   forty   forty   forty

- **50_fifty** [피프티]

fifty   fifty   fifty   fifty

fifty   fifty   fifty   fifty

fifty   fifty   fifty   fifty

fifty   fifty   fifty   fifty

- **60_sixty** [식스티]

sixty   sixty   sixty   sixty

sixty   sixty   sixty   sixty

sixty   sixty   sixty   sixty

sixty   sixty   sixty   sixty

- **70_seventy** [세븐티]

seventy   seventy   seventy

seventy   seventy   seventy

seventy   seventy   seventy

seventy   seventy   seventy

- **80_eighty** [에잇티]

eighty eighty eighty eighty

eighty eighty eighty eighty

eighty eighty eighty eighty

eighty eighty eighty eighty

- **90_ninety** [나인티]

ninety ninety ninety ninety

ninety ninety ninety ninety

ninety ninety ninety ninety

ninety ninety ninety ninety

• 100_hundred [헌드레드]

hundred　　　hundred　　　hundred

hundred　　　hundred　　　hundred

hundred　　　*hundred*　　　*hundred*

hundred　　　*hundred*　　　*hundred*

• 200_two hundred [투- 헌드레드]

two hundred　　two hundred

two hundred　　two hundred

two hundred　　*two hundred*

two hundred　　*two hundred*

● **500_five hundred** [파이브 헌드레드]

five hundred　　　five hundred

five hundred　　　five hundred

five hundred　　　five hundred

five hundred　　　five hundred

● **1,000_thousand** [다우즌드]

thousand　　thousand　　thousand

thousand　　thousand　　thousand

thousand　　thousand　　thousand

thousand　　thousand　　thousand

날짜 쓰기 [요일]

● 일요일_**Sunday** [썬데이]

Sunday   Sunday   Sunday

Sunday   Sunday   Sunday

Sunday   Sunday   Sunday

Sunday   Sunday   Sunday

● 월요일_**Monday** [먼데이]

Monday   Monday   Monday

Monday   Monday   Monday

Monday   Monday   Monday

Monday   Monday   Monday

● **화요일_Tuesday** [튜-즈데이]

Tuesday   Tuesday   Tuesday

Tuesday   Tuesday   Tuesday

Tuesday   Tuesday   Tuesday

Tuesday   Tuesday   Tuesday

● **수요일_Wednesday** [웬즈데이]

Wednesday Wednesday Wednesday

Wednesday Wednesday Wednesday

Wednesday Wednesday Wednesday

Wednesday Wednesday Wednesday

- **목요일_Thursday** [써-즈데이]

Thursday Thursday Thursday

Thursday Thursday Thursday

Thursday Thursday Thursday

Thursday Thursday Thursday

- **금요일_Friday** [프라이데이]

Friday Friday Friday Friday

Friday Friday Friday Friday

Friday Friday Friday Friday

Friday Friday Friday Friday

● **토요일_Saturday** [쎄러데이]

Saturday   Saturday   Saturday

Saturday   Saturday   Saturday

Saturday   Saturday   Saturday

Saturday   Saturday   Saturday

● **반복해서 익히기**

Monday   Tuesday   Wednesday   Thursday

Friday   Saturday   Sunday

날짜 쓰기 [월]

● **1월_January** [재뉴어뤼]

January   January   January

January   January   January

January   January   January

January   January   January

● **2월_February** [퓌브뤄리]

February   February   February

February   February   February

February   February   February

February   February   February

● **3월_March** [마:~취]

March　March　March　March

March　March　March　March

March　March　March　March

March　March　March　March

● **4월_April** [에이프럴]

April　April　April　April

April　April　april　April

April　April　april　April

April　April　april　April

- **5월_May** [메이]

May   May   May   May

May   May   May   May

May   May   May   May

May   May   May   May

- **6월_June** [준-]

June   June   June   June

June   June   June   June

June   June   June   June

June   June   June   June

● **7월_July** [줄라이]

July July July July

July July July July

July July July July

July July July July

● **8월_August** [어-거스트]

August August August August

August August August August

August August August August

August August August August

- **9월_September** [셉템버~]

September September September

September September September

September September September

September September September

- **10월_October** [악-토버~]

October October October

october october October

October October October

October October October

- **11월_November** [노우벰버~]

November November November

November November November

November November November

November November November

- **12월_December** [디셈버~]

December December December

December December December

December December December

December December December

모양 쓰기

- **선_line** [라인]

line   line   line   line

line   line   line   line

line   *line*   *line*   *line*

line   *line*   *line*   *line*

- **점_dot** [다-트]

dot   dot   dot   dot

dot   dot   dot   dot

dot   *dot*   *dot*   *dot*

dot   *dot*   *dot*   *dot*

- ## 삼각형_triangle [트라이앵글]

triangle   triangle   triangle

triangle   triangle   triangle

triangle   triangle   triangle

triangle   triangle   triangle

- ## 정사각형_square [스퀘어~]

square   square   square   square

square   square   square   square

square   square   square   square

square   square   square   square

● **직사각형_rectangle** [렉탱글]

rectangle   rectangle   rectangle

rectangle   rectangle   rectangle

rectangle   rectangle   rectangle

rectangle   rectangle   rectangle

● **마름모_diamond** [다이어먼드]

diamond   diamond   diamond

diamond   diamond   diamond

diamond   diamond   diamond

diamond   diamond   diamond

● 5각형_pentagon [펜터간]

pentagon　　pentagon　　pentagon

pentagon　　pentagon　　pentagon

pentagon　　*pentagon*　　*pentagon*

pentagon　　*pentagon*　　*pentagon*

● 원_circle [서:~클]

circle　circle　circle　circle

circle　circle　circle　circle

circle　*circle*　*circle*　*circle*

circle　*circle*　*circle*　*circle*

● **타원형_oval** [오우벌]

oval   oval   oval   oval

oval   oval   oval   oval

oval   oval   oval   oval

oval   oval   oval   oval

● **정육면체_cube** [큐-브]

cube   cube   cube   cube

cube   cube   cube   cube

cube   cube   cube   cube

cube   cube   cube   cube

● 구, 공 모양_sphere [스피어~]

sphere　sphere　sphere　sphere

sphere　sphere　sphere　sphere

sphere　sphere　sphere　sphere

sphere　sphere　sphere　sphere

● 원뿔_cone [코운]

cone　　cone　　cone　　cone

cone　　cone　　cone　　cone

cone　　cone　　cone　　cone

cone　　cone　　cone　　cone

- **원통형_cylinder** [실린더]

cylinder　　　*cylinder*　　　*cylinder*

cylinder　　　*cylinder*　　　*cylinder*

cylinder　　　*cylinder*　　　*cylinder*

cylinder　　　*cylinder*　　　*cylinder*

- **피라미드_pyramid** [피러미드]

pyramid　　　pyramid　　　pyramid

pyramid　　　pyramid　　　pyramid

pyramid　　　*pyramid*　　　*pyramid*

pyramid　　　*pyramid*　　　*pyramid*

● **반지 모양_ring** [링]

ring ring ring ring

ring ring ring ring

ring ring ring ring

ring ring ring ring

● **별 모양_star** [스타:~]

star star star star

star star star star

star star star star

star star star star

● 하트 모양_heart [하:~트]

heart   heart   heart   heart

heart   heart   heart   heart

heart   *heart*   *heart*   *heart*

heart   *heart*   *heart*   *heart*

● 반복해서 익히기

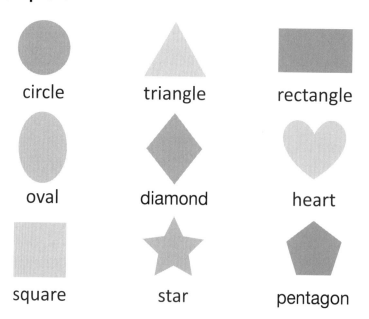

circle   triangle   rectangle

oval   diamond   heart

square   star   pentagon

3단계 왕초보

영어
쓰기교본

Part III

3단계

필수 문장 쓰기

01 나는 ~입니다/우리들은 ~입니다 (1인칭대명사)

아이 엠 어 보이
I am a boy.
나는 소년입니다.

단수	I	am	a	boy.
	나는	~입니다	한 사람의	소년

복수	We	are	boys.	
	우리들은	~입니다	소년들	

I am a boy.   We are boys.

I am a boy.   We are boys.

I am a boy.   We are boys.

I am a boy.   We are boys.

02 당신은 ~입니다/당신들은 ~입니다 (2인칭대명사)

유 아 어 보이
You are a boy.
너(당신)는 소년입니다.

단수	You	are	a	boy.
	너(당신)는	~입니다	한 사람의	소년

복수	You	are	boys.
	너희들(당신들)은	~입니다	소년들

You are a boy.　　You are boys.

You are a boy.　　You are boys.

You are a boy.　　You are boys.

You are a boy.　　You are boys.

03 그는 ~입니다/그녀는 ~입니다 (3인칭대명사)

히 이즈 어 보이
He is a boy.
그는 소년입니다.

단수	He	is	a	boy.
	그는	~입니다	한 사람의	소년

단수	She	is	a	girl.
	그녀는	~입니다	한 사람의	소녀

복수	They	are	boys.	
	그들은	~입니다	소년들	

He is a boy.

She is a boy.

They are boys.

He is a boy.

She is a boy.

They are boys.

04 그것은 ~입니다/이것은 ~입니다/저것은 ~입니다 (단수)

디쓰 이즈 어 북
This is a book.
이것은 책입니다.

단수	It	is	a	dog.
	그것은	~입니다	한 마리의	개

단수	This	is	a	book.
	이것은	~입니다	한 권의	책

단수	That	is	an	apple.
	저것은	~입니다	한 개의	사과

It is a dog.

This is a book.

That is an apple.

It is a dog.

This is a book.

That is an apple.

05 그들은 ~입니다/이것들은 ~입니다/저것들은 ~입니다 (복수)

디즈　　아　　북스
These are books.
이(것)들은 책(들)입니다.

복수	**They**	**are**	**dogs.**
	그들은	~입니다	개들

복수	**These**	**are**	**books.**
	이것들은	~입니다	책들

복수	**Those**	**are**	**apples.**
	저것들은	~입니다	사과들

They are dogs.

These are books.

Those are apples.

They are dogs.

These are books.

Those are apples.

06 여기에 ~이 있습니다 (장소)

히어 이즈 어 북
Here is a book.
여기에 책이 있습니다.

단수	Here	is	a	book.
	여기	~이 있습니다	한 권의	책

단수	Here	is	a book	on the desk.
	여기	~이 있습니다	한 권의 책	책상 위에

복수	Here	are	two	books.
	여기	~이 있습니다	두 권의	책

Here is a book.

Here is a book on the desk.

Here are two books.

Here is a book.

Here is a book on the desk.

Here are two books.

07 ~가 있습니다

데어 이즈 어 체어
There is a chair.
의자가 있습니다.

단수	There is	a	chair.
	~가 있습니다	한 개의	의자

단수	There is	a chair	by the desk.
	~가 있습니다	한 개의 의자	책상 옆에

복수	There are	two	chairs.
	~가 있습니다	두 개의	의자

There is a chair.

There is a chair by the desk.

There are two chairs.

There is a chair.

There is a chair by the desk.

There are two chairs.

08 ~은 ~입니까? (의문문과 부정문)

아 유 어 보이
Are you a boy?
당신은 소년입니까?

의문문	Are	you	a	boy?
	입니까?	당신은	한 사람의	소년

긍정대답	Yes,	I	am.	
	예,	그렇습니다.		

부정대답	No,	I	am	not.
	아니오,	그렇지 않습니다.		

Are you a boy?

Yes, I am.

No, I am not.

Are you a boy?

Yes, I am.

No, I am not.

09 ~은 ~무엇입니까? (what(무엇)으로 시작하는 의문문)

왓　이즈　디스
What is this?
이것은 무엇입니까?

What 의문문	What	is	this?	
	무엇	입니까?	이것은	

대답	This	is	a	dog.
	이것은	입니다.	한 마리의	개

대답	This	is	a	hat.
	이것은	입니다.	한 개의	모자

What is this?

This is a dog.

This is a hat.

What is this?

This is a dog.

This is a hat.

10 ~은 ~누구입니까? (Who(누구)으로 시작하는 의문문)

후 이즈 쉬
Who is she?
그녀는 누구입니까?

Who 의문문	Who	is	she?
	누구	입니까?	그녀는

대답	She	is	my	mother.
	그녀는	입니다.	나의	어머니

Who is she?　　She is my mother.

Who is she?　　She is my mother.

Who is she?　　She is my mother.

Who is she?　　She is my mother.

11 ~은 ~얼마나 가지고 있습니까? (How(얼마)으로 시작하는 의문문)

하우　매니　북스　두　유　해브
How many books do you have?
당신은 얼마나 많은 책을 가지고 있습니까?

How 의문문	How	many	books	do	you	have?
	얼마나	많은	책을	당신은 가지고 있습니까?		

대답	I	have	five	books.
	나는	가지고 있습니다.	5권의	책을

How many books do you have?

I have five books.

How many books do you have?

I have five books.

12 ~을 ~좋아합니까? (do동사를 써서 의문문)

두 유 라이크 초콜릿
Do you like chocolate?
당신은 초콜릿을 좋아합니까?

일반 의문문	Do	you	like	chocolate?
	입니까?	당신은	좋아하다	초콜릿을

긍정대답	Yes,	I	do.	
	예,	나는	좋아합니다.	

부정대답	No,	I	do	not.
	아니오,	나는	좋아하지 않습니다.	

Do you like chocolate?

Yes, I do.

No, I do not.

Do you like chocolate?

Yes, I do.

No, I do not.

필수 인사회화 쓰기

사람을 만났을 때

굿　　모닝
Good morning.

안녕하십니까?(아침인사)

Good morning.

Good morning.

하우　아　유우
How are you?

안녕하십니까?

How are you?

How are you?

굿　　　애프터눈-
Good afternoon.

안녕하십니까?(오후인사)

Good afternoon.

Good afternoon.

굿　　　이브닝
Good evening.

안녕하십니까?(저녁인사)

Good evening.

Good evening.

아이 엠　　화인　　　　　　쌩 큐
I am fine, thank you.

잘 있습니다. 감사합니다.

I am fine, thank you.

I am fine, thank you.

아이 엠　　화인　　　투
I am fine, too.

나도 잘 있습니다.

I am fine, too.

I am fine, too.

헤어질 때

굿 바이   소   롱
Good-bye.(So long)

안녕.

Good-bye. (So long)

Good-bye. (So long)

시 유   어겐
See you again.

다음에 만납시다.

See you again.

See you again.

테이크   케어

Take care.

살펴 가세요.

Take care.

Take care.

시   유   토마로우

See you tomorrow.

그럼, 내일 또 만나요.

See you tomorrow.

See you tomorrow.

사람을 소개할 때

미스 　그린 　디스 이즈 미스 　브라운
Miss Green, this is Miss Brown.

그린, 이분은 브라운입니다.

Miss Green, this is Miss Brown.

Miss Green, this is Miss Brown.

하우 　두 　유 　두
How do you do?

처음 뵙겠습니다.

How do you do?

How do you do?

아이 엠　글래드　투　시－　유
I am glad to see you.

만나뵙게 되어 반갑습니다.

I am glad to see you.

I am glad to see you.

마이　　네임　이즈　킴
My name is Kim.

내 이름은 김입니다.

My name is Kim.

My name is Kim.

감사를 표시할 때

땡큐　　　베리　　　머취
Thank you very much.

대단히 감사합니다.

Thank you very much.

Thank you very much.

잇　이즈　베리　　카인드　　오뷰
It is very kind of you.

친절히 해 주셔셔 감사합니다.

It is very kind of you.

It is very kind of you.

남에게 사과할 때

아이 엠 쏘리
I am sorry.

죄송 합니다.

I am sorry.

I am sorry.

플리즈 퍼기브 미
Please forgive me.

부디 용서해 주십시오.

Please forgive me.

Please forgive me.

남에게 부탁할 때

컴　　　히어　　　플리즈
Come here, please.

부디 이리 와 주실래요?

Come here, please.

Come here, please.

왓　　캔 아이 두 퍼　　유
What can I do for you?

무슨 일이십니까?

What can I do for you?

What can I do for you?

메 아이 애스크 어 페이버 오뷰
May I ask a favor of you?

부탁이 있는데요.

May I ask a favor of you?

May I ask a favor of you?

메 아이 바:~로우 디스 북
May I borrow this book?

이 책을 빌려도 됩니까?

May I borrow this book?

May I borrow this book?

용서를 구할 때

아이 원트 두 잇 어겐
I won't do it again.

다시는 안 그렇겠습니다.

I won't do it again.

I won't do it again.

플리즈 　 어셉트 　 마이 　 어팔-러지
Please accept my apology.

제 사과를 받아주세요.

Please accept my apology.

Please accept my apology.

자기소개

아 유 어 티-춰~
Are you a teacher?

당신은, 선생님입니까?

Are you a teacher?

Are you a teacher?

노우 아임 낫 어 티-춰~
No, I'm not a teacher.

아니오, 나는 선생님이 아닙니다.

No, I'm not a teacher.

No, I'm not a teacher.

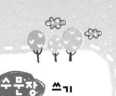

왓스   유어   네임

What's your name?

당신의 이름은 무엇입니까?

What's your name?

What's your name?

마이   네임   이스   인호

My name is Inho.

나는 인호라고 합니다.

My name is Inho.

My name is Inho.

스포츠에 관하여

플리즈　티-취　미　하우　투　스윔
Please teach me how to swim?

수영하는 법을 가르쳐주시겠습니까?

Please teach me how to swim?

Please teach me how to swim?

왓스　유어　페이버릿　스포:~트
What's your favorite sport?

무슨 운동을 좋아하십니까?

What's your favorite sport?

What's your favorite sport?

후스 　　플레잉
Who's playing?

어디와 어디의 시합입니까?

Who's playing?

Who's playing?

더　타이거즈　앤　더　라이온스
The Tigers and the Lions.

타이거와 라이온스의 시합입니다.

The Tigers and the Lions.

The Tigers and the Lions.

쇼핑할 때

메 아이 헬퓨
May I help you?

무엇을 드릴까요?

May I help you?

May I help you?

하우 머취 이즈 잇
How much is it?

얼마입니까?

How much is it?

How much is it?

이츠　　트리　　다우즌드　　　원
It's three thousand won.

삼천원입니다.

It's three thousand won.

It's three thousand won.

디스　　이즈　　유어　　　체인지
This is your change.

이것은 거스름돈입니다.

This is your change.

This is your change.

식사할 때

위치 두 유 라이크 베더 티 오어 커피

Which do you like better, tea or coffee?

커피와 홍차 어느쪽을 드시겠습니까?

Which do you like better, tea or coffee?

Which do you like better, tea or coffee?

해뷰 에버 해더 핫도-그

Have you ever had a hot dog?

핫도그를 먹어 보셨습니까?

Have you ever had a hot dog?

Have you ever had a hot dog?

길을 안내할 때

월 유 텔 미 더 웨이 투 더 스테이션

Will you tell me the way to the station?

역으로 가는 길을 가르쳐주시겠습니까?

Will you tell me the way to the station?

Will you tell me the way to the station?

고우 스트레이트 온

Go straight on.

똑바로 가세요.

Go straight on.

Go straight on.

이즈 디스 버스 고잉 투 더 스테이션

Is this bus going to the station?

역으로 가는 것은 이 버스입니까?

Is this bus going to the station?

Is this bus going to the station?

웨어~ 더즈 디스 버스 고

Where does this bus go?

이 버스는 어디로 갑니까?

Where does this bus go?

Where does this bus go?

플리즈　　팔로　　미
Please follow me.

나를 따라 오세요.

Please follow me.

Please follow me.

겟　온　버스　넘버 원 헌드뤠드
Get on bus No. 100.

100번 버스를 타세요.

Get on bus No. 100.

Get on bus No. 100.

여행할 때

웨어~ 아 유 고잉

Where are you going?

어디까지 가십니까?

Where are you going?

Where are you going?

아임 고잉 투 부산

I'm going to Busan.

부산으로 가는중입니다.

I'm going to Busan.

I'm going to Busan.

아이 원트 어 룸 플리즈
I want a room, Please.

방을 하나 주세요.

I want a room, please.

I want a room, please.

하우 롱 아 유 고잉 투 스테이
How long are you going to stay?

얼마동안 머무르시겠습니까?

How long are you going to stay?

How long are you going to stay?

영화관에서

하우　순－　더즈　더　무비　비긴

How soon does the movie begin?

영화는 언제쯤 시작합니까?

How soon does the movie begin?

How soon does the movie begin?

왓　타임　더즈　더　무비　엔드

What time does the movie end?

이 영화는 몇시에 끝납니까?

What time does the movie end?

What time does the movie end?

취미에 관하여

왓 이즈 유어 하-비
What is your hobby?

당신의 취미는 무엇입니까?

What is your hobby?

What is your hobby?

아이 해브 노 하-비
I have no hobby.

취미가 없습니다.

I have no hobby.

I have no hobby.

방문할 때

이즈 디스 미스터 김스 홈
Is this Mr. Kim's home?

여기가 김군 집입니까?

Is this Mr. Kim's home?

Is this Mr. Kim's home?

이즈 미스터 리 앳 홈
Is Mr. Lee at home?

이군은 집에 있습니까?

Is Mr. Lee at home?

Is Mr. Lee at home?

전화 걸 때

후 이즈 디스 스피-킹
Who is this speaking?

누구십니까?

Who is this speaking?

Who is this speaking?

헬로 디스 이즈 홍 스피-킹
Hello, this is Hong speaking.

여보세요? 나는 홍이라는 사람입니다.

Hello, this is Hong speaking.

Hello, this is Hong speaking.

우체국에서

플리즈　　센드　　디스　바이　　레귤러　　메일
Please send this by regular mail.

이것을 보통우편으로 보내주세요.

Please send this by regular mail.

Please send this by regular mail.

왓　　이즈　더　　차:~지
What is the charge?

요금이 얼마입니까?

what is the charge?

what is the charge?

병원에 입원했을 때

하우 아 유 투데이
How are you today?

오늘은 어떻습니까?

How are you today?

How are you today?

아임 베리 웰 땡큐
I'm very well, Thank you.

매우 좋습니다. 감사합니다.

I'm very well, Thank you.

I'm very well, Thank you.

필수 명언 쓰기

A full belly is the mother of all evil.

배부른 것이 모든 악의 어머니이다.

A full belly is the mother of all evil.

A full belly is the mother of all evil.

A minute's success pays the failure of years.

단 1분의 성공은 몇 년 동안의 실패를 보상한다.

A minute's success pays the failure of years.

A minute's success pays the failure of years.

A poet is the painter of the soul.

시인은 영혼의 화가이다.

A poet is the painter of the soul.

A poet is the painter of the soul.

Absence makes the heart grow fonder.

떨어져 있으면 정이 더 깊어진다.

Absence makes the heart grow fonder.

Absence makes the heart grow fonder.

All fortune is to be conquered by bearing it.

모든 운명은 그것을 인내함으로써 극복해야 한다.

All fortune is to be conquered by bearing it.

All fortune is to be conquered by bearing it.

Appearances are deceptive.

외모는 속임수이다.

Appearances are deceptive.

Appearances are deceptive.

Better is to bow than break.

부러지는 것보다 굽는 것이 낫다.

Better is to bow than break.

Better is to bow than break.

Better the last smile than the first laughter.

처음의 큰 웃음보다 마지막의 미소가 더 좋다.

Better the last smile than the first laughter.

Better the last smile than the first laughter.

By doubting we come at the truth.

의심함으로써 우리는 진리에 도달한다.

By doubting we come at the truth.

By doubting we come at the truth.

Education is the best provision for old age.

교육은 노년기를 위한 가장 훌륭한 대책이다.

Education is the best provision for old age.

Education is the best provision for old age.

Faith is a higher faculty than reason.

믿음은 이성보다 더 고상한 능력이다.

Faith is a higher faculty than reason.

Faith is a higher faculty than reason.

Faith without deeds is useless.

행함이 없는 믿음은 쓸모가 없다.

Faith without deeds is useless.

Faith without deeds is useless.

Forgiveness is better than revenge.

용서는 복수보다 낫다.

Forgiveness is better than revenge.

Forgiveness is better than revenge.

Give me liberty, or give me death.

자유가 아니면 죽음을 달라.

Give me liberty, or give me death.

Give me liberty, or give me death.

Good fences make good neighbors.

좋은 울타리는 선한 이웃을 만든다.

Good fences make good neighbors.

Good fences make good neighbors.

Great art is an instant arrested in eternity.

위대한 예술은 영원 속에서 잡은 한 순간이다.

Great art is an instant arrested in eternity.

Great art is an instant arrested in eternity.

Habit is second nature.

습관은 제2의 천성이다.

Habit is second nature.

Habit is second nature.

He that has no shame has no conscience.

수치심이 없는 사람은 양심이 없다.

He that has no shame has no conscience.

He that has no shame has no conscience.

Life itself is a quotation.

인생 그 자체가 하나의 인용이다.

Life itself is a quotation.

Life itself is a quotation.

Love your neighbor as yourself.

네 이웃을 네 몸처럼 사랑하여라.

Love your neighbor as yourself.

Love your neighbor as yourself.

Only the just man enjoys peace of mind.

정의로운 사람만이 마음의 평화를 누린다.

Only the just man enjoys peace of mind.

Only the just man enjoys peace of mind.

Pain past is pleasure.

지나간 고통은 쾌락이다.

Pain past is pleasure.

Pain past is pleasure.

Suspicion follows close on mistrust.

의혹은 불신을 뒤따른다.

Suspicion follows close on mistrust.

Suspicion follows close on mistrust.

The difficulty in life is the choice.

인생에 있어서 어려운 것은 선택이다.

The difficulty in life is the choice.

The difficulty in life is the choice.

The will of a man is his happiness.

인간의 마음가짐이 곧 행복이다.

The will of a man is his happiness.

The will of a man is his happiness.

Things are always at their best in the beginning.

사물은 항상 시작이 가장 좋다.

Things are always at their best in the beginning.

Things are always at their best in the beginning.

Time is but the stream I go a-fishing in.

시간은 내가 그 속에서 낚시질을 하는 흐름이다.

Time is but the stream I go a-fishing in.

Time is but the stream I go a-fishing in.

To jaw-jaw is better than to war-war.

전쟁보다 협상이 낫다.

To jaw-jaw is better than to war-war.

To jaw-jaw is better than to war-war.

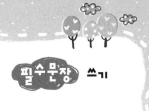
United we stand, divided we fall.

뭉치면 서고, 흩어지면 쓰러진다.

United we stand, divided we fall.

United we stand, divided we fall.

Waste not fresh tears over old griefs.

지나간 슬픔에 새 눈물을 낭비하지 말라.

Waste not fresh tears over old griefs.

Waste not fresh tears over old griefs.

We give advice, but we cannot give conduct.

충고는 해 줄 수 있으나, 행동하게 할 수는 없다.

We give advice, but we cannot give conduct.

We give advice, but we cannot give conduct.

Weak things united become strong.

약한 것도 합치면 강해진다.

Weak things united become strong.

Weak things united become strong.

3단계 왕초보
영어
쓰기교본

3단계 왕초보
영어
쓰기교본

부록

로마자 한글표기법

1. 모음

국어	ㅏ	ㅓ	ㅗ	ㅜ	ㅡ	ㅣ	ㅐ	ㅔ	ㅚ	ㅑ	ㅕ	ㅛ	ㅠ	ㅒ	ㅖ	ㅘ	ㅙ	ㅝ	ㅞ	ㅟ	ㅢ
표기법	a	eo	o	u	eu	i	ae	e	oe	ya	yeo	yo	yu	yae	ye	wa	wae	wo	we	wi	ui

2. 자음

국어	ㄱ	ㄲ	ㅋ	ㄷ	ㄸ	ㅌ	ㅂ	ㅃ	ㅍ	ㅈ	ㅉ	ㅊ	ㅅ	ㅆ	ㅎ	ㅁ	ㄴ	ㅇ	ㄹ
표기법	g/k	kk	k	d/t	tt	t	b/p	pp	p	j	jj	ch	s	ss	h	m	n	ng	r/l

3. 국어의 새 로마자표기법 용례

❶ ㄱ, ㄷ, ㅂ, ㅈ은 k, t, p, ch에서 g, d, b, j로 통일

　　ex) 부산 : Pusan → Busan, 대구 : Taegu → Daegu

　　(단 ㄱ, ㄷ, ㅂ이 받침에 올 때는 k, t, p로 / 곡성 → Gokseong, 무극 → Mugeuk)

❷ ㅋ, ㅌ, ㅍ, ㅊ은 k', t', p', ch'에서 k, t, p, ch로 변경

　　ex) 태안 : T'aean → Taean, 충주 : Ch'ungju → Chungju

❸ ㅅ은 sh와 s로 나눠 적던 것을 s로 통일

　　ex) 신라 : Shilla → Silla, 실상사 : Shilsangsa → Silsangsa

❹ 발음상 혼동의 우려가 있을 때 음절 사이에 붙임표(–)사용

　　ex) 중앙 : Jung-ang

❺ 성과 이름은 띄어쓰고 이름은 붙여쓰되 음절 사이에 붙임표 사용 허용

　　ex) 송나리 : Song Nari(또는 Song Na-ri)

　　(단 이름에서 일어난 음운변화는 무시 : 김복남 Kim Boknam)

수사읽는방법

기 수	서 수
1 / one	1st / first
2 / two	2nd / second
3 / three	3rd / third
4 / four	4th / fourth
5 / five	5th / fifth*
6 / six	6th / sixth
7 / seven	7th / seventh
8 / eight	8th / eighth*
9 / nine	9th / ninth*
10 / ten	10th / tenth
11 / eleven	11th / eleventh
12 / twelve	12th / twelfth*
13 / thirteen	13th / thirteenth
14 / fourteen	14th / fourteenth
15 / fifteen	15th / fifteenth
20 / twenty	20th / twentieth*
21 / twenty–one	21st / twenty–first
30 / thirty	30th / thirtieth
40 / forty*	40th / fortieth*
50 / fifty	50th / fiftieth
100 / one hundred	100th / hundredth

*hundred, thousand, million 등은 앞에 복수의 수가 올 때 복수형으로 하지 않음.
ex) two hundred / three thousand

*hundred, thousand 등이 복수형으로 쓰이면 「수백」, 「수천」의 뜻을 갖는다.
ex) Thousands of people live near the lake.

1. 정수

23 -- twenty-three

99 -- ninety-nine

452 -- four-hundred (and) fifty-two

3,891 -- three-thousand eight-hundred (and) ninety-one

= thirty-eight hundred (and) ninety-one

2,001 -- two thousand (and) one

2. 분수 (분자 : 기수, 분모: 서수로 읽되, 특히 분자가 복수일 때는 분모에 's'를 붙임)

1/3 -- a third 2/3 -- two-thirds

1/2 -- a(one) half

1/4 -- a(one) quarter 3/4 -- three quarters

3. 소수 (정수 : 일반적인 방법, 소수이하 : 한 자리씩)

3.14 -- three point one four

26.43 -- twenty-six point four three

0.195 -- zero point one nine five

4. 연도 (뒤에서 두 자리씩 끊어 읽는다)

1999 -- nineteen ninety-nine

2000 -- (the year) two thousand (cf. Y2K)

2002 -- two thousand (and) two

5. 월일, 시각

April 6 -- April six = April (the) sixth

= the sixth of April

3:00 -- three o'clock (sharp)

3:15 -- three fifteen = a quarter past three

3:30 -- three thirty = a half past three

3:45 -- three forty-five = a quarter to four

6. 전화 번호(한 자리씩 끊어 읽는다)

443-2868 -- four four three two eight six eight

712-9200 -- seven one two nine two o[ou] o[ou]

= seven one two nine two double o[ou]

7. 기 타

Lesson 4 -- Lesson four = the fourth lesson (4과)

Track 2 -- Track two = the second track (2번 트랙, 2번 홈)

Gate 34 -- Gate thirty-four (34번 탑승구)

World War II -- World War two

= the second World War (2차 세계대전)

Elizabeth II -- Elizabeth the second (엘리자베스 2세)

 형용사 · 부사 변화표

뜻	원 급	비교급	최상급
추운	cold	colder	coldest
소수의	few	fewer	fewest
아주 큰	great	greater	greatest
넓은, 큰	large	larger	largest
바쁜	busy	buiser	busiest
쉬운	easy	easier	easiest
큰	big	bigger	biggest
나쁜, 아픈	bad, ill	worse	worst
좋은, 잘	good, well	better	best
많은	many, much	more	most
적은, 작은	little	less	least
멀리, 먼	far	farther further	farthest(거리) furthest(정도)

불규칙동사 변화표

뜻	현재	과거	과거 분사
…이다	am, are, is	was, were(are)	been
…이 되다	become	became	become
시작하다	begin	began	begun
불다	blow	blew	blown
부수다	break	broke	broken
가져오다	bring	brought	brought
건축하다	build	built	built
사다	buy	bought	bought
잡다	catch	caught	caught
오다	come	came	come
자르다	cut	cut	cut
하다	do, does	did	done
마시다	drink	drank	drunk
운전하다	drive	drove	driven
먹다	eat	ate	eaten
느끼다	feel	felt	felt
찾아내다	find	found	found
잊다	forget	forgot	forgotten, forgot
얻다	get	got	gotten,got
주다	give	gave	given
가다	go	went	gone
가지다	have, has	had	had
듣다	hear	heard	heard
지키다	keep	kept	kept
놓다	lay	laid	laid
떠나다	leave	left	left
빌려주다	lend	lent	lent
눕다	lie	lay	lain
잃어버리다	lose	lost	lost
만들다	make	made	made
만나다	meet	met	met
지불하다	pay	paid	paid
놓다, 두다	put	put	put
읽다	read	read	read
달리다	run	ran	run
말하다	say	said	said

뜻	현 재	과 거	과거 분사
보다	see	saw	seen
보내다	send	sent	sent
흔들다	shake	shook	shaken
보여주다	show	showed	shown
노래하다	sing	sang	sung
앉다	sit	sat	sat
잠자다	sleep	slept	slept
냄새를 맡다	smell	smelt, smelled	smelt, smelled
말하다	speak	spoke	spoken
소비하다	spend	spent	spent
서다	stand	stood	stood
훔치다	steal	stole	stolen
수영하다	swim	swam	swum
잡다,얻다	take	took	taken
가르치다	teach	taught	taught
말하다	tell	told	told
생각하다	think	thought	thought
이해하다	understand	understood	understood
이기다	win	won	won
쓰다	write	wrote	written

불규칙 복수형 명사 변화표

뜻	단 수	복 수
어린이	child	children
발	foot	feet
신사	gentleman	gentlemen
거위	goose	geese
남자	man	men
생쥐	mouse	mice
양	sheep	sheep
이	tooth	teeth
아내	wife	wives
여자	woman	women

단어	뜻	반의어	뜻
absent	결석의	present	출석의
absence	결석	presence	출석
absolute	절대적인	relative	상대적인
abstract	추상적인	concrete	구체적인
active	능동적인	passive	수동적인
add	더하다	subtract	감하다
advance	전진(하다)	retreat	후퇴(하다)
affirmative	긍정적인	negative	부정적인
amateur	초보자	professional	전문가
ancestor	선조	descendant	자손
analysis	분석	synthesis	종합
antipathy	반감	sympathy	동정
Arctic	북극	Antarctic	남극
arrive	도착하다	depart	출발하다
arrival	도착	departure	출발
artificial	인공의	natural	자연의
ascend	올라가다	descend	내려가다
ascent	상승	descent	하락
attach	붙이다	detach	떼다
barren	불모의	fertile	비옥한
bitter	쓴	sweet	달콤한
borrow	빌리다	lend	빌려주다
cause	원인	effect	결과
comedy	희극	tragedy	비극
conceal	숨기다	reveal	나타내다, 드러내다
conservative	보수적인	progressive	진보적인
construction	건설	destruction	파괴
consume	소비하다	produce	생산하다

단어	뜻	반의어	뜻
consumption	소비	production	생산
decrease	감소하다	increase	증가하다
deduce	연역하다	induce	귀납하다
deduction	연역	induction	귀납
deficit	적자	surplus	흑자
demand	수요	supply	공급
discourage	낙담시키다	encourage	격려하다
divorce	이혼	marriage	결혼
dynamic	동적인	static	정적인
ebb	썰물	flow	밀물
emigrate	(타국으로) 이주하다	immigrate	(타국에서의) 이주자
emigrant	(타국으로의) 이민	immigrant	(타국에서의) 이민
empty	비어있는	full	가득한
entrance	입구	exit	출구
even	짝수의	odd	홀수의
exclude	제외하다	include	포함하다
expenditure	지출	revenue	수입
explicit	명시된	implicit	암시적인
export	수출(하다)	import	수입(하다)
exterior	외부(의)	interior	내부(의)
fail	실패하다	succeed	성공하다
failure	실패	success	성공
fat	살찐	thin	마른, lean 야윈
female	여성	male	남성
feminine	여자다운	masculine	남자다운
former	전자의	latter	후자의
gain	얻다	lose	잃다
gain	이익	loss	손실

단어	뜻	반의어	뜻
guilty	유죄의	innocent	무죄의
guilt	유죄	innocence	무죄
heaven	천국	hell	지옥
hope	희망	despair	절망
horizontal	수평의	vertical	수직의
huge	거대한	tiny	작은
income	수입	outgo	지출
inferior	하급의	superior	상급의
liquid	액체의	solid	고체의
loose	풀린	tight	단단히 맨
majority	다수	minority	소수
major	다수의	minor	소수의
maximum	최대	minimum	최소
negative	소극적인, 부정의	positive	적극적인, 긍정의
object	객관	subject	주관
objective	객관적인	subjective	주관적인
optimism	낙관주의	pessimism	비관주의
plural	복수의	singular	단수의
poverty	빈곤	wealth	부유
practice	실행	theory	이론
private	사적인	public	공공의
prose	산문	verse	운문
punishment	벌	reward	상
quality	질	quantity	양
quiet	조용한	noisy	시끄러운
rural	시골의	urban	도시의
thick	두껍다	thin	얇다
virtue	미덕	vice	악덕

한글 영문표기 일람표

한글	영문표기	
ㄱ		
가	GA	KA
각	GAK	KAK
간	GAN	KAN
갈	GAL	KAL
감	GAM	KAM
갑	GAP	KAP
강	KANG	GANG(X)
개	GAE	KAE
객	GAEK	KAEK
갱	GAENG	KAENG
거	GEO	KEO
건	GEON	KEON
걸	GEOL	KEOL
검	GEOM	KEOM
계	GYE	KYE
격	GYEOK	KYEOK
견	GYEON	KYEON
결	GYEOL	KYEOL
겸	GYEOM	KYEOM
경	GYOUNG	KYOUNG
고	GO	KO
곡	GOK	KOK
곤	GON	KON
골	GOL	KOL
곽	GWAK	KWAK
관	GWAN	KWAN
광	GWANG	KWANG
괘	GWAE	KWAE
괴	GOE	KOE
교	GYO	KYO
구	GU	KU
국	GUK	KUK
군	GUN	KUN

한글	영문표기	
굴	GUL	KUL
궁	GUNG	KUNG
권	GWON	KWON
궐	GWOL	KWOL
귀	GWUI	KWUI
규	GYU	KYU
균	GYUN	KYUN
극	GEUK	KEUK
근	GEUN	KEUN
금	GEUM	KEUM
급	GEUP	KEUP
긍	GEUNG	KEUNG
기	GI	KI
긴	GIN	KIN
김	GIM	KIM
길	GIL	KIL(X)
ㄴ		
나	NA	
난	NAN	
남	NAM	
납	NAP	
낭	NANG	
내	NAE	
녀	NYEO	
년	NYEON	
념	NYEOM	
녕	NYEONG	
노	NOH	NO(X)
농	NONG	
뇌	NOE	
뇨	NYO	
능	NEUNG	
니	NI	

한글	영문표기	
ㄷ		
다	DA	TA
단	DAN	TAN
달	DAL	TAL
담	DAM	TAM
답	DAP	TAP
당	DANG	TANG
대	DAE	TAE
덕	DEOK	TEOK
도	DO	TO
독	DOK	TOK
돈	DON	TON
돌	DOL	TOL
동	DONG	TONG
두	DU	TU
둔	DUN	TUN
득	DEUK	TEUK
듬	DEUM	TEUM
등	DEUNG	TEUNG
ㄹ		
라	RA	
락	RAK	
람	RAM	
랑	RANG	
래	RAE	
랭	RAENG	
략	RYAK	
량	RYANG	
려	RYEO	
력	RYEOK	
련	RYEON	
렬	RYEOL	
렴	RYEOM	
령	RYEONG	

한글	영문표기	
레	RYE	
로	RO	ROH
록	ROK	
론	RON	
롱	RONG	
료	RYO	
룡	RYONG	
루	RU	ROO
류	RYU	
륙	RYUK	
륜	RYUN	
률	RYUL	
륭	RYUNG	
름	REUM	
릉	REUNG	
리	RI	
린	RIN	
림	RIM	
립	RIP	
ㅁ		
마	MA	
막	MAK	
만	MAN	
말	MAL	
망	MANG	
매	MAE	
맥	MAEK	
맹	MAENG	
면	MYEON	
멸	MYEOL	
명	MYEONG	MYUNG
모	MO	
목	MOK	
몰	MOL	
몽	MONG	
묘	MYO	
무	MU	MOO

한글	영문표기		
묵	MUK		
문	MUN		
물	MUL		
미	MI	MEE	
민	MIN		
밀	MIL		
ㅂ			
바	BA	PA	
박	BAK	PAK	
반	BAN	PAN	
발	BAL	PAL	
방	BANG	PANG	
배	BAE	PAE	
백	BAEK	PAEK	
번	BEON	PEON	
벌	BEOL	PEOL	
범	BEOM	PEOM	BUM(X)
법	BEOP	PEOP	
벽	BYEOK	PYEOK	
변	BYEON	PYEON	
별	BYEOL	PYEOL	
병	BYEONG	PYEONG	
보	BO	PO	
복	BOK	POK	
본	BON	PON	
봉	BONG	PONG	
부	BU	PU	
북	BUK	PUK	
분	BUN	PUN	
불	BUL	PUL	
붕	BUNG	PUNG	
비	BI	PI	
빈	PIN	BIN(X)	
빙	BING		
ㅅ			
사	SA		
삭	SAK		

한글	영문표기	
살	SAL	
산	SAN	
삼	SAM	
상	SANG	
쌍	SSANG	
새	SAE	
색	SAEK	
생	SAENG	
서	SEO	
석	SEOK	
선	SEON	
설	SEOL	
섬	SEOM	
섭	SEOP	
성	SEONG	
세	SE	
소	SO	
손	SON	
송	SONG	
쇠	SOE	
수	SU	SOO
숙	SUK	SOOK
순	SUN	SOON
술	SUL	
숭	SUNG	
슬	SEUL	
습	SEUP	
승	SEUNG	
시	SI	
씨	SSI	
식	SIK	
신	SHIN	SIN(X)
실	SIL	
심	SIM	
십	SIP	

한글	영문표기		
ㅇ			
아	AH	A(X)	
악	AK		
안	AN	AHN	
알	AL		
암	AM		
압	AP		
앙	ANG		
애	AE		
액	AEK		
야	YA		
약	YAK		
양	YANG		
어	EO		
억	EOK		
언	EON		
엄	EOM		
업	EOP		
여	YEO		
역	YEOK		
연	YEON		
열	YEOL		
염	YEOM		
엽	YEOP		
영	YEONG	YOUNG	
예	YE		
오	OH	O(X)	
옥	OCK	OG	OK(X)
온	ON		
옹	ONG		
와	WA		
완	WAN		
왈	WAL		
왕	WANG		
외	OE		
요	YO		
욕	YOK		

한글	영문표기		
용	YONG		
우	WOO	U(X)	
욱	UK	WOOK	
운	UN	WOON	
울	UL		
웅	UNG	WOONG	
원	WON		
월	WOL		
위	WI		
유	YU		
육	YUK		
윤	YUN		
은	EUN		
을	EUL		
음	EUM		
읍	EUP		
응	EUNG		
의	EUI		
이	YI	LEE	I(X)
익	IK		
인	IN		
일	IL		
임	IM	LIM	
입	IP		
ㅈ			
자	JA		
작	JAK		
잔	JAN		
잠	JAM		
잡	JAP		
장	JANG		
재	JAE		
쟁	JAENG		
저	JEO		
적	JEOK		
전	JEON		
절	JEOL		

한글	영문표기		
점	JEOM		
접	JEOP		
정	JEONG		
제	JE		
조	JO		
족	JOK		
존	JON		
졸	JOL		
종	JONG		
좌	JWA		
죄	JOE		
주	JU		
죽	JUK		
준	JUN		
중	JUNG		
즉	JEUK		
즙	JEUP		
증	JEUNG		
지	JI		
직	JIK		
진	JIN		
질	JIL	CHIL	
집	JIP	CHIP	
징	JING	CHING	
ㅊ			
차	CHA		
착	CHAK		
찬	CHAN		
찰	CHAL		
참	CHAM		
창	CHANG		
채	CHAE		
책	CHAEK		
처	CHEO		
척	CHEOK		
천	CHEON		
철	CHEOL		

한글	영문표기		한글	영문표기		한글	영문표기	
첨	CHEOM		토	TO		혈	HYEOL	
첩	CHEOP		통	TONG		협	HYEOP	
청	CHEONG		퇴	TOE		형	HYUNG	
체	CHE		투	TU TOO		혜	HYE	
초	CHO		특	TEUK		호	HO	
촉	CHOK		**ㅍ**			혹	HOK	
촌	CHON		파	PA		혼	HON	
총	CHONG		판	PAN		홀	HOL	
최	CHOE CHOI		팔	PAL		홍	HONG	
추	CHU		패	PAE		화	HWA	
축	CHUK		편	PYEON		확	HWAK	
춘	CHUN		평	PYEONG		환	HWAN	
출	CHUL		폐	PYE		활	HWAL	
충	CHUNG		포	PO		황	HWANG	
취	CHWUI CHWI		폭	POK		회	HOE	
측	CHEUK		표	PYO		획	HOEK	
층	CHEUNG		품	PUM		횡	HOENG	
치	CHI		풍	PUNG		효	HYO	
칙	CHIK		피	PI		후	HU HOO	
친	CHIN		필	PIL		훈	HUN HOON	
칠	CHIL		**ㅎ**			훤	HWON	
침	CHIM		하	HA		훼	HWE	
칩	CHIP		학	HAK		휘	HWI	
칭	CHING		한	HAN		휴	HYU	
ㅋ			할	HAL		흉	HYUNG	
카	KA		함	HAM		흑	HEUK	
쾌	KWAE		합	HAP		흔	HEUN	
ㅌ			항	HANG		흠	HEUM	
타	TA		해	HAE		흡	HEUP	
탁	TAK		핵	HAEK		흥	HEUNG	
탄	TAN		행	HAENG		희	HUI HEE	
탈	TAL		향	HYANG				
탐	TAM		허	HEO				
탑	TAP		헌	HEON				
탕	TANG		험	HEOM				
태	TAE		혁	HYEOK				
택	TAEK		현	HYEON HYUN				

알파벳	인쇄체 대문자	인쇄체 소문자	필기체 대문자	필기체 소문자
A [éi] 에이	A	a	$\mathcal{A}$	a
B [bi;] 비-	B	b	$\mathcal{B}$	b
C [si;] 씨-	C	c	$\mathcal{C}$	c
D [di;] 디-	D	d	$\mathcal{D}$	d
E [i;] 이-	E	e	$\mathcal{E}$	e
F [ef] 에프	F	f	$\mathcal{F}$	f
G [dʒi;] 쥐-	G	g	$\mathcal{G}$	g
H [eitʃ] 에이치	H	h	$\mathcal{H}$	h
I [ai] 아이	I	i	$\mathcal{I}$	i
J [dʒei] 제이	J	j	$\mathcal{J}$	j
K [kei] 케이	K	k	$\mathcal{K}$	k
L [el] 엘	L	l	$\mathcal{L}$	l
M [em] 엠	M	m	$\mathcal{M}$	m

알파벳	인쇄체 대문자	인쇄체 소문자	필기체 대문자	필기체 소문자
N [en] 엔	N	n	𝓝	𝓃
O [ou] 오우	O	o	𝓞	𝓸
P [pi;] 피-	P	p	𝓟	𝓹
Q [kju;] 큐-	Q	q	𝓠	𝓺
R [ɑ;(r)] 아알	R	r	𝓡	𝓻
S [es] 에스	S	s	𝓢	𝓼
T [ti;] 티-	T	t	𝓣	𝓽
U [ju;] 유-	U	u	𝓤	𝓾
V [vi;] 뷔-	V	v	𝓥	𝓿
W [dʌblju;] 더블유-	W	w	𝓦	𝔀
X [eks] 엑스	X	x	𝓧	𝔁
Y [wai] 와이	Y	y	𝓨	𝔂
Z [zi;] 지-	Z	z	𝓩	𝔃